PROFETAS FALSOS DE LA HISTORIA

Descubre la Vida y Profecías de los Individuos más Misteriosos de la Historia

KENNETH VARGAS

© **Copyright 2024 – Kenneth Vargas - Todos los derechos reservados.**

Este documento está orientado a proporcionar información exacta y confiable con respecto al tema tratado. La publicación se vende con la idea de que el editor no tiene la obligación de prestar servicios oficialmente autorizados o de otro modo calificados. Si es necesario un consejo legal o profesional, se debe consultar con un individuo practicado en la profesión.

- Tomado de una Declaración de Principios que fue aceptada y aprobada por unanimidad por un Comité del Colegio de Abogados de Estados Unidos y un Comité de Editores y Asociaciones.

De ninguna manera es legal reproducir, duplicar o transmitir cualquier parte de este documento en forma electrónica o impresa.

La grabación de esta publicación está estrictamente prohibida y no se permite el almacenamiento de este documento a menos que cuente con el permiso por escrito del editor. Todos los derechos reservados.

La información provista en este documento es considerada veraz y coherente, en el sentido de que cualquier responsabilidad, en términos de falta de atención o de otro tipo, por el uso o abuso de cualquier política, proceso o dirección contenida en el mismo, es responsabilidad absoluta y exclusiva del lector receptor. Bajo ninguna circunstancia se responsabilizará legalmente al editor por cualquier reparación, daño o pérdida monetaria como consecuencia de la información contenida en este documento, ya sea directa o indirectamente.

Los autores respectivos poseen todos los derechos de autor que no pertenecen al editor.

La información contenida en este documento se ofrece únicamente con fines informativos, y es universal como tal. La presentación de la información se realiza sin contrato y sin ningún tipo de garantía endosada.

El uso de marcas comerciales en este documento carece de consentimiento, y la publicación de la marca comercial no tiene ni el permiso ni el respaldo del propietario de la misma.

Todas las marcas comerciales dentro de este libro se usan solo para fines de aclaración y pertenecen a sus propietarios, quienes no están relacionados con este documento.

Índice

Introducción — vii

1. Características De Los Profetas Falsos — 1
2. Chuck Manson — 11
3. La Secta De Jonestown — 35
4. La Historia De Warren Jeffs, Un Profeta Tirano, Violador Y Líder Mormón — 43
5. Mar Applewhite — 49
6. Nxivm — 63
7. Wendy Shamblin Lara — 79
8. Jackson Angeli — 87
9. Los Profetas Menos Conocidos — 93
10. Falsos Profetas En África — 109
11. Falsos Mesías — 119
12. Charlatanes — 123
13. El Falso Profeta De La "Nación De Dios" — 131
14. Antiguos Profetas, Nuevos Cultos — 137

Conclusión — 165

Introducción

Abusos, estafas, manipulación, acoso sexual y hasta la muerte son las consecuencias de los cultos y sus falsos líderes.

La fe es algo muy poderoso. Es el motor que mueve a millones de personas de todo el mundo. La fe le da sentido a la vida, moldea las conductas y da consuelo cuando todo está muy mal y no parece existir una esperanza. Pero esta también puede nublar el criterio y producir conductas muy nocivas, violentas y peligrosas. Por eso, uno de los actos más viles que puede realizar un ser humano, es manipular la fe del otro para abusar y llenarse de poder, a costa de lo que una persona considera que es lo más sagrado.

Introducción

Los falsos profetas han existido desde siempre y suelen ser personas muy inteligentes, que saben leer muy bien a las personas y se aprovechan de su vulnerabilidad para lograr sus fines.

Carisma, belleza, inteligencia, son algunas de las características de estos personajes que han desarrollado el don del engaño para cautivar a sus seguidores y usarlos a su voluntad.

A lo largo del siglo XX se vieron varios casos de estos líderes perversos, en su mayoría hombres, que crearon cultos e hicieron mucho daño.

Pero, a pesar de que los cultos son considerados peligrosos, estos siguen apareciendo y reclutando personas que buscan un consuelo, una luz de esperanza, un sentido para la vida o simplemente una motivación. Muchas de las personas que caen en los cultos tienen un perfil similar de vulnerabilidad, enfermedad mental y soledad que estos falsos profetas aprovechan para venderles la salvación y la felicidad, pero muchos otros simplemente son personas que creen que están siendo rebeldes e iluminadas que caen en el mismo delirio de salvadores de sus líderes.

Introducción

La cuestión es que los cultos suelen ser tan fuertes en sus convicciones que una vez que alguien entra es muy difícil que cuestione a su líder y dependiendo del poder o influencia que este tenga puede ser muy peligroso. Incluso hay quienes al verse tan cerca a este poder, fungen como cómplices solo por tener el buen visto de su salvador y compartir un poco de su falsa gloria.

Pero lo más complejo de esto es que cualquiera de nosotros puede caer en esta trampa, porque los cultos no necesariamente son religiosos, casi todo se puede volver un culto.

La política, la ciencia, la psicología, la sexualidad, hasta la música. Solo se necesita un líder carismático y una causa en la cual creer.

Por eso repasamos estas seis producciones que cuentan la historia de distintos cultos, sus líderes y víctimas, que nos sirven como un recordatorio de que siempre hay que cuidarse de los seres de luz, porque estos nunca muestran su sombra.

1

Características De Los Profetas Falsos

DECIDÍ HABLAR un poco de los cultos ya que muchos de ellos fueron creados por falsos profetas, que les prometían cosas y los envolvían en las creencias que tenían, de esta manera los podían obligar a hacer lo que ellos dijeran, como robar, matar, violar e incluso cometer suicidio.

Todos los líderes de algunos de los cultos más grandes del mundo, han sido descritos por sus seguidores usan atributos similares: carismáticos, seguros de sí mismos, justos, apasionados y motivados. Sin embargo, estos hombres y otros líderes de cultos no encarnan desinteresadamente estas características. Más bien, los usan para cubrir rasgos de personalidad fundamentalmente egoístas, rasgos potencialmente destructivos para cualquiera que entre en contacto con estos individuos.

No es sorprendente que muchos líderes de culto y sus medios de control a menudo se clasifiquen en el perfil de trastorno narcisista de la personalidad (NPD). Las personas con NPD tienden a tener un sentido inflado de importancia personal, carecen de empatía y tienen una profunda necesidad de admiración por parte de los demás. A menudo, estos rasgos cubren una autoestima frágil que es sensible a la más mínima crítica.

La Asociación Estadounidense de Psiquiatría asocia NPD con los siguientes criterios:
- Tener un sentido de sí mismo de importancia exagerado.
- Exagerando logros y talentos
- Esperando ser reconocido como superior sin logros que lo ameriten
- Estar preocupado por fantasías sobre el éxito, el poder, la brillantez, la belleza o la pareja perfecta.
- Creer que eres superior y que sólo puedes ser comprendido o asociado con personas igualmente especiales.
- Requerir admiración constante

- Tener un sentido de derecho
- Esperando favores especiales y el cumplimiento incondicional de sus expectativas
- Aprovecharse de los demás para conseguir lo que quieren
- Tener incapacidad o falta de voluntad para reconocer las necesidades y sentimientos de los demás

La dinámica de la relación en los cultos refleja la mayoría de los rasgos anteriores. Los líderes a menudo hacen afirmaciones extravagantes de poder salvar almas perdidas y torturadas o de saber cómo, cuándo y por qué terminará el mundo. Piden a sus seguidores que se suscriban a un estilo de vida que a menudo incluye renunciar a las pertenencias materiales, el dinero, el pensamiento independiente y las relaciones fuera del culto. Los cultos dirigidos por hombres, como muchos son, casi siempre imponen requisitos sexuales excesivos o prohibitivos a las mujeres como condición para seguir siendo parte del grupo. Estos sacrificios están empaquetados como parte de un evangelio o enseñanza que solo el líder puede comprender verdaderamente.

. . .

Como tal, las leyes de cada culto religioso o doctrina social están sujetas a cambios a voluntad del líder, dejando a los miembros completamente vulnerables y dependientes de la guía de su líder.

Si el culto guía toda la vida de un miembro, sin un liderazgo claro y directo, el miembro puede sentirse fácilmente desamparado, susceptible a la influencia externa.

Los cultos, que funcionan según lo previsto, dirigen la vida de los miembros, con actividades y rituales cotidianos que sirven como los únicos indicadores de la realidad y la responsabilidad.

Sin un liderazgo claro y directo, cualquier miembro podría sentirse fácilmente desamparado y susceptible a la influencia externa. Los líderes entienden esto y hacen todo lo posible para evitar perder su lugar como figura central en la vida de sus miembros. Aquellos miembros que no están dispuestos a cumplir con los requisitos del culto a menudo son excomulgados, sometidos a una intensa presión de grupo o, como se alega en Cienciología, se les niega comida, agua, contacto humano y se los retiene en contra de su voluntad hasta que cumplen.

Los científicos todavía están investigando las causas de la NPD y no afirman comprender completamente sus orígenes. Algunas investigaciones apuntan a factores genéticos, mientras que otros estudios examinan la vida familiar y las influencias de la comunidad. Incluso sin una comprensión completa de los factores psicológicos de la contribución al desarrollo de un líder de culto, una perspectiva histórica sugiere que desde finales de la década de 1960 hasta la de 1970 contuvieron poderosas fuerzas sociales que proporcionaron un terreno fértil para una gran cantidad de mesías narcisistas autoproclamados.

PERSONAS ORDINARIAS

Aunque existen condiciones comunes que pueden crear un entorno social propicio para los cultos, no hay rasgos que necesariamente creen, con certeza, un seguidor de un culto. Como se evidencia en la historia inicial de las hermanas Bronfman (aquí), la gente común, joven o vieja, rica o pobre, educada y no educada, busca conexión, disciplina y aceptación a través de actividades de culto. De hecho, la idea común de que alguien se une a un culto porque es ignorante o sin educación es un mito. Bien puede ser que sea todo lo contrario, que el individuo intelectualmente curioso y educado tenga más riesgo de unirse a un culto ¿Por qué?

Porque nadie se une a un culto. Sin embargo, las personas se unen a instituciones religiosas reformadas, partidos políticos progresistas, centros espirituales, grupos de autoayuda, asociaciones comunitarias u otras organizaciones sociales sustitutas que buscan cambiar sus vidas o las vidas de otros.

Cada culto y cada profeta necesita seguidores para sobrevivir. Usando drogas, sexo y manipulación psicológica y fisiológica sistemática, los cultos han perfeccionado formas de asegurar que cualquier intento de irse sea un proceso doloroso, alienante y, a veces, mortal.

La retención de la membresía comienza con el trabajo, y mucho. Como medio de vinculación a través del trabajo, los miembros del culto a menudo tienen tareas insuperables, como (en el caso del Templo del Pueblo de John Jones) cuidar de toda la población sin hogar de San Francisco.

Si bien puede existir una razón lógica para que el culto requiera que los miembros se comprometan tanto tiempo para cualquier causa (el futuro del mundo está en juego, por ejemplo) también hay una razón más siniestra: el aislamiento. Los cultos necesitan seguidores que dependan del culto para todo, desde sus necesidades materiales hasta su bienestar emocional. La forma más segura de crear esa dependencia es cortando los lazos personales, profesionales y familiares de los miembros. Las relaciones toman tiempo.

La rendición de cuentas de un culto logra monopolizar ese tiempo, asegurando que todos los lazos externos desaparezcan.

Contrariamente a la intuición, los antiguos miembros del culto han declarado que la falta de participación y libertad externas era una especie de libertad en sí misma. En lugar de demasiadas opciones y responsabilidades, y más información de la que un individuo puede procesar de manera factible, el deber singular del culto puede resultar extremadamente atractivo.

La sexualidad y la identidad están fundamentalmente entrelazadas. Los líderes de los cultos parecen saber y entender que romper el control de una persona sobre su propio cuerpo es una forma poderosa de crear un seguidor obediente.

Como tal, el sexo, como herramienta de dominación y manipulación, es un fenómeno recurrente dentro de los cultos. Una vez que el individuo renuncia al autocontrol, está completamente subordinado, perfectamente dedicado al líder del culto. Los líderes de los cultos también usan el control sexual para minimizar la interconexión familiar, entre padre e hijo, esposo y esposa, y reorientar la atención y el apego hacia ellos mismos.

Las drogas se han asociado durante mucho tiempo con los rituales de culto; sin embargo, el consumo de drogas no es necesariamente (como muchos suponen) una piedra angular de toda filosofía de culto. Por ejemplo, la familia Manson habló muy públicamente sobre el uso de LSD, pero, nuevamente, el LSD no sirvió como un factor central en las visiones de Chuck Manson de la guerra racial o en sus muchas divagaciones teológicas. Aleister Crowley escribió a menudo sobre su consumo de drogas recreativas, pero el consumo de drogas no cumple una función destacada en la filosofía religiosa de Crowley, Thelema.

Con mucho, la forma más eficaz en que los cultos prohíben la retirada de sus miembros es a través de la presión de grupo. Los seguidores tienen prohibido hablar con aquellos que se van y los que desobedecen son castigados. La decisión de irse debe tomarse en secreto, ya que los miembros están capacitados para denunciar a cualquier persona que lo discuta.

Si se descubre, la persona que busca escapar probablemente será interrogada por el líder del culto y los más cercanos a él o ella emplearán la culpa, la decepción y la repulsión como una forma de lograr que se queden. Algunos cultos llegan más lejos, utilizando técnicas de "reorientación" para lograr que sus miembros se queden.

2

Chuck Manson

CHARLES M. FUE UN CRIMINAL, sectario y músico aficionado estadounidense. Conocido por liderar lo que se conoció como la Familia Manson, un grupo de seguidores de Manson que surgió en el desierto de California a finales de los años sesenta. En 1971, fue declarado culpable de conspiración por los asesinatos de siete personas: la actriz Sharon T. y otras cuatro personas en la casa de T, en Beverly Hills; y al día siguiente, de un matrimonio, Leno y Rosemary; todo llevado a cabo por los miembros del grupo, que seguían sus instrucciones. Manson también fue declarado culpable de otros dos asesinatos en los que se comprobó su participación activa: los de Gary H. y Donald S.

. . .

Manson creía en lo que él mismo llamó Helte sir Skelter, un término que tomó de una canción, de una famosa banda originaria del Reino Unido. Manson interpretó que la canción hablaba de una hipotética guerra racial entre negros y blancos que, según él, se avecinaba.

El título de la canción apareció escrito con sangre en la escena de uno de los crímenes ordenados por Manson. Él creía que los asesinatos podrían ayudar a precipitar dicha guerra racial. En Estados Unidos se ha mitificado a Chuck Manson como emblema de la locura, la violencia y lo macabro. El término Helter Skelter fue utilizado más adelante por el fiscal del juicio de Manson, Vincent B., como título del libro que escribió sobre los asesinatos de Manson.

En el momento en que la Familia Manson comenzó a formarse, Manson era un exconvicto que había pasado la mitad de su vida en instituciones correccionales por una variedad de delitos. Antes de los asesinatos, fue músico underground en Los Ángeles, principalmente gracias a su asociación casual con Dennis W., batería y cofundador de Los Chicos de la Playa. Después de que Manson fuera acusado de los delitos de los que fue condenado posteriormente, fueron publicadas grabaciones de canciones escritas e interpretadas por él.

Varios músicos se han inspirado en Manson para componer canciones o han hecho versiones de alguna de sus canciones.

Manson fue sentenciado a muerte, pero la decisión fue conmutada automáticamente a cadena perpetua sin libertad condicional cuando en 1972, una decisión de la Corte Suprema de California eliminó temporalmente la pena de muerte en el estado.

Manson estuvo encarcelado en la prisión estatal de Corcoran, California, desde 1969, y luego de pasar 46 años preso, falleció en 2017 por cáncer de colon y paro cardiorrespiratorio a la edad de 83 años.

Hijo de una joven prostituta de 16 años de nombre Kathleen Maddox (1918-1973), Chuck Manson nació en el Hospital General de Cincinnati, Ohio. Su nombre completo es Charles Milles Maddox. Tiempo después de su nacimiento, su madre, que estuvo brevemente casada con un obrero llamado William Manson, le puso este apellido. Su padre biológico parece haber sido un coronel llamado Walker Scott, contra quien Kathleen Maddox interpuso una demanda de paternidad que dio lugar a un juicio acordado en 1937. Posiblemente, Chuck Manson nunca conoció a su padre biológico.

Muchos detalles acerca de los primeros años de Manson son objeto de controversia, debido a la variedad de diferentes historias que se han ofrecido a los medios, muchas de las cuales resultaron ser falsas. La madre de Manson era supuestamente alcohólica. Según Manson, una vez su madre lo vendió por una jarra de cerveza a una camarera sin hijos, para que luego su tío recuperara al niño algunos días más tarde.

Cuando la madre de Manson y su hermano fueron condenados a cinco años de cárcel por robar en una estación de servicio en 1939 en Charleston, Virginia Occidental, Manson se fue a la casa de sus tíos en McMechen, Virginia Occidental. En 1947, Kathleen Maddox trató de llevar a Manson a un orfanato, pero no pudo porque no había plazas. El tribunal puso a Manson en Gibault School for Boys en Terre Haute, Indiana, una escuela para niños sin hogar. Después de diez meses, Manson se fugó para volver al hogar materno, pero su madre lo rechazó.

. . .

Se sabe que su primer robo a mano armada fue en 1947, a los trece años, y que atracó una tienda de alimentos.

Después de este incidente, Manson fue encerrado en un reformatorio del que escapó cuatro días después junto a otro muchacho. En el camino, Manson y su amigo cometieron otros dos delitos a mano armada. En 1951, tras una serie de arrestos y fugas, Manson fue enviado a prisión por conducir un vehículo robado. A finales de 1952, ya había ocho cargos contra él. Fue transferido a otra prisión y liberado en 1954 por buen comportamiento. En 1954, con diecinueve años de edad, Manson se casó con Rosalie Jean Willis, una enfermera de diecisiete años. Con ella tendría su primer hijo.

Volvió a ser arrestado más tarde por robo de vehículos. En 1958, quedó en libertad provisional, pero fue arrestado nuevamente en 1961 por falsificación de cheques. Poco tiempo después, ya divorciado de su primera mujer, se casa con la prostituta Candy Leona Stevens.

De ese matrimonio nace Charles Luther Manson, su segundo hijo conocido. Manson había pasado la mayor parte de su vida adulta en prisión, principalmente por robo de vehículos y fraude. Aunque también fue acusado de proxenetismo.

Por aquella época, y nuevamente en la cárcel, comienza su formación esotérica y su interés por la filosofía oriental.

LA FAMILIA MANSON

La Familia Manson, o simplemente La Familia, fue un grupo o secta criminal establecida en California, a finales de los años 1960, dirigida por Chuck Manson. Ganaron notoriedad después del asesinato de la actriz Sharon Tate y otras cuatro personas el 9 de agosto de 1969, a manos de Tex Watson y otros tres miembros de "La Familia Manson", actuando bajo las instrucciones de Chuck Manson. El grupo constaba de aproximadamente 100 seguidores, que vivían un estilo de vida poco convencional y consumían con frecuencia drogas psicoactivas como la Benzedrina (anfetamina), así como alucinógenos como el LSD. La mayoría eran mujeres jóvenes de clase media, muchas de las cuales se sintieron atraídas por la cultura hippie y la vida comunal, aunque luego se radicalizaron hacia el crimen por las enseñanzas de Manson.

Los miembros del grupo fueron responsables de una serie de asesinatos, robos y agresiones. En total, Manson y algunos de sus seguidores fueron condenados por nueve homicidios, ocurridos entre julio y agosto de 1969 en el área metropolitana de Los Ángeles: el asesinato del músico Gary Hinman, los ataques a Tate y cuatro personas más en 10050 Cielo Drive, el ejecutivo de supermercados Leno LaBianca y su esposa Rosemary, y el doble de riesgo Donald "Shorty" Shea. Una víctima potencial sería un actor libanés llamado Saladin Nader. Sin embargo, el plan fue saboteado por una de sus miembros, horrorizada por la cadena de crímenes cometidos por el grupo.

Manson ingresó en el centro penitenciario de Estados Unidos en la isla de McNeil en Washington en julio de 1961. Manson fue liberado de prisión en 1967 y se trasladó a San Francisco, donde, con la ayuda de un conocido de la cárcel, se mudó a un apartamento en Berkeley, California. En la cárcel, el ladrón de bancos llamado Alvin Karpis, le había enseñado a tocar la guitarra de acero.

Viviendo prácticamente como un indigente, conoció a Mary Brunner, una joven de 23 años de edad, proveniente de la Universidad de Wisconsin-Madison. Brunner estaba trabajando como asistente de biblioteca de la Universidad de Berkeley y Manson se fue a vivir con ella. Luego Manson, contra la voluntad de Brunner, invitó a otra mujer a vivir con ellos. En poco tiempo, estaban compartiendo la residencia de Brunner con otras 18 mujeres.

Manson se estableció como un gurú en San Francisco durante el "Verano del Amor" de 1967, aprovechando los festivales y concentraciones hippies. Pronto tuvo su primer grupo de seguidores, quienes fueron llamados "La Familia Manson". La mayoría de quienes lo seguían eran mujeres.

Antes de que terminara el verano, Manson y ocho o nueve de sus seguidores subieron a un autobús escolar que habían personalizado al estilo hippie con alfombras y cojines de colores, y recorrieron el norte hasta el estado de Washington, luego hacia el sur a través de Los Ángeles, México y el suroeste, para luego volver a la zona de Los Ángeles. Vivían en Topanga, Malibú y Venice Beach.

. . .

En 1967, Brunner quedó embarazada de Manson y el 15 de abril de 1968 dio a luz a un niño al que llamó Valentine Michael (apodado Pooh Bear; en español: Oso Pooh).

El actor Al Lewis, quien dejó a sus hijos con Manson para que este los cuidara en un par de ocasiones, lo describió como: "un buen tipo cuando lo conocí".

Chuck Manson conoció a Dennis Wilson a mediados de 1968.

De acuerdo con su amigo y luego letrista, Stanley Shapiro, un día mientras Dennis conducía por la carretera subió a dos chicas que hacían auto-stop a su coche que resultaron ser miembros del clan Manson y no dejaban de nombrar a Charlie Manson como "el mago". El asunto despertó el interés de Dennis. Según Dennis, a la noche siguiente al regresar a su casa en Malibú de una sesión de grabación a las 3:00 a. m., se encontró en la entrada con un hombre de corta estatura y barba, que se le acercó. Dennis le preguntó: "¿Me vas a lastimar?", a lo que el hombrecillo le respondió: "¿Crees que estoy aquí para lastimarte, hermano?", y se arrodilló para besarle los zapatos (esta era una de la aperturas preferidas de Manson). Cuando Dennis entró a su casa acompañado de Manson, se encontró con una docena de desconocidos en su casa, la gran mayoría mujeres, el punto débil de Dennis.

Si bien el grupo ha negado enérgicamente que existan dichas grabaciones (incluso con coproducciones de Carl y Brian, y no de Dennis como tantas veces se había dicho), el ingeniero Stephen Desper afirmó que las mismas existen, incluso dijo que el material de Manson era "bastante bueno... tenía talento musical".

En agosto de 1968, Manson estableció una guarida para el grupo en el Rancho Spahn, un rancho donde a menudo se filmaban películas de vaqueros, después de que el mánager de Wilson le dijo a "La Familia Manson" que debían salir de la casa de Wilson.

Los miembros de "La Familia Manson" hicieron diferentes trabajos en el rancho. Además, Manson ordenó a las mujeres, incluyendo a Lynette Fromme, que de vez en cuando tuvieran relaciones con el octogenario y ya prácticamente ciego, dueño del rancho. Prácticamente todas las mujeres actuaron como objetos sexuales para el dueño a cambio de no pagar el alquiler.

Charles Denton "Tex" Watson pronto se unió al grupo en el Rancho Spahn. Watson, un tejano de pueblo que había dejado la universidad y se había trasladado a California.

DISPAROS A CROWE

Para junio de 1969, Manson le dijo a "La Familia Manson" que tenían que mostrar a los negros cómo iba a empezar el "Helter Skelter". Manson encargó a Watson la obtención de dinero supuestamente destinado a ayudar a «La Familia Manson», el cual consiguió estafando a un traficante de drogas Bernard "Lotsapoppa" Crowe. Este último respondió con la amenaza de acabar con todo el mundo en el rancho Spahn.

El 1 de julio de 1969, Manson disparó a Crowe en su apartamento en Hollywood, pero Crowe sobrevivió. Manson creyó que había matado a Crowe, lo cual confirmó con un informe de las noticias televisivas que anunció el descubrimiento del cuerpo de un integrante del Partido Pantera Negra tirado en Los Ángeles. Aunque Crowe no era miembro de los Panteras Negras, Manson llegó a la conclusión que había asesinado a uno de ellos y que habría represalias por parte de este grupo. Manson volvió al rancho Spahn desplegando tácticas defensivas, con patrullas nocturnas y guardias armados cuidando el rancho. Manson fue detenido y fichado en relación a este intento de asesinato, pero eludió la cárcel al pagar la fianza Hinman, que curiosamente sería su siguiente víctima.

ASESINATO DE HINMAN

El 25 de julio de 1969, Manson envió a algunos miembros de "La Familia Manson", entre ellos Bobby Beausoleil, junto con Mary Brunner y Susan Atkins a la casa del músico Gary Hinman, para persuadirlo a entregar un dinero que Manson pensó que Hinman había heredado. Según Beausoleil, habían realizado la visita porque Hinman les había vendido mescalina de baja calidad y quería recuperar su dinero. Los tres tuvieron a Hinman como rehén dos días, durante los cuales Manson apareció con un cuchillo y cortó la oreja de Hinman. A continuación, Beausoleil apuñaló a Hinman hasta asesinarlo, aparentemente bajo las instrucciones de Manson. Antes de abandonar la escena del crimen, Beausoleil o una de las mujeres, utilizaron la sangre de Hinman para escribir en la pared "Political piggy" (en español: Cerdito político) y dibujar una pata de pantera, símbolo del partido Pantera Negra, para implicarlos.

Beausoleil fue detenido el 6 de agosto de 1969, después de haber sido sorprendido conduciendo el coche de Hinman. La policía encontró el arma homicida en el vehículo.

Dos días después, Manson dijo a los miembros de "La Familia Manson" en el rancho Spahn: "Ha llegado el momento del Helter Skelter".

ASESINATO DE SHARON TATE

En la noche del 8 de agosto de 1969, Manson ordenó a Watson tomar a Susan Atkins, Linda Kasabian y Patricia Krenwinkel, una de las primeras en entrar a "La Familia Manson", para que fueran a "esa casa donde Melcher vivía" y "destruir totalmente a todo el mundo de la manera más horripilante que puedas".

Manson les ordenó a las mujeres que siguieran todas las instrucciones de Watson. En la casa del 10050 de Cielo Drive, estaban la actriz Sharon Tate, embarazada de ocho meses; su amigo Jay Sebring, el peluquero de las estrellas; un amigo de Polanski y guionista llamado Wojciech Frykowski, y su novia Abigail Folger, heredera de la empresa de café Folgers.

El marido de Tate, Polanski, estaba en Londres trabajando en un proyecto de una película; Tate había estado con él y había regresado a los Estados Unidos sólo tres semanas antes.

Los miembros de "La Familia Manson" salieron en el automóvil de Tex Watson. Cuando el grupo de asesinos llegó a la entrada de la propiedad, Watson, que había estado en la casa en al menos una ocasión, subió a un poste de teléfono cerca de la puerta y cortó la línea telefónica, en la medianoche del 9 de agosto de 1969.

. . .

Pensando que la puerta de la casa de Polanski podría tener una alarma o tener cercado eléctrico, se subió a un muro de contención con maleza y se dejó caer en el jardín. Luego, Linda, Patricia y Susan saltaron la verja de seguridad con una bolsa llena de ropa limpia y cuchillos para asesinar. Tex Watson llevaba un revólver y 13 metros de cuerda de nylon de tres trenzas enrollado en su hombro. Un automóvil blanco salía de la zona de la casa de huéspedes en ese preciso momento. El automóvil lo conducía Steven Parent, de 18 años, amigo del guardés de la finca. Tex Watson se acercó y saltó sobre el auto, mientras que Parent asustado bajó la ventanilla del auto, Watson cortó la palma de la mano izquierda de Parent dejándole una grave herida.

Cuando Parent intentó huir, Watson metió el revólver por la ventanilla del auto y disparó cuatro veces sobre el pecho de Steven Parent, que murió en el acto.

Después, con la ayuda de las mujeres, empujaron el auto más arriba, sobre el camino de entrada.

Después de atravesar el jardín de la casa de Polanski, buscando una ventana abierta, Watson quitó el marco con vidrio de una ventana. Le dijo a Linda Kasabian que se fuera a vigilar la puerta; ella se acercó al automóvil de Steven Parent y espero allí. Nunca llegó a pisar la casa. Watson entró por la ventana y abrió la puerta del frente, para que Susan Atkins y Patricia Krenwinkel entraran.

Apenas entraron en la casa, vieron a Wojciech Frykowski dormido en un sofá. Cuando Frykowski despertó, se encontró con Watson apuntándole el rostro con su revólver.

Susan Atkins encontró una toalla con la que amarraron las manos de Frykowski. Atkins decidió pasear por la casa y observó a Abigail Folger leyendo en la cama. Siguió caminando lentamente y se detuvo en la entrada de un cuarto donde se encontraba Sharon Tate conversando con Jay Sebring. Atkins volvió hacia donde estaba Tex Watson y le informó lo que había visto y este le ordenó que los capturara.

Atkins y Krenwinkel obedecieron. Atkins entró al cuarto donde se encontraba Abigail Folger, esta le sonrió pensando que Atkins era alguna invitada más, pero Atkins apuntó a Folger con un revólver. Luego fue al cuarto donde se encontraba Sharon Tate. Le ordenó a Sharon Tate y a Jay Sebring que se fueran a la sala. Allí, Tex Watson les ordenó a los cuatro acostarse boca abajo en el suelo. Sebring les dijo que consideraran el avanzado estado de embarazo de Sharon Tate y estos le permitieron sentarse a la actriz. En un momento de descuido, Jay Sebring intentó quitarle el revólver a Watson pero este le disparó en el torso. Sebring se desplomó en el suelo y Watson comenzó a patear su rostro rompiéndole el tabique nasal y la cuenca de uno de sus ojos.

Watson les exigió que le entregaran todo el dinero y Abigail Folger le entregó 70 dólares. Mientras Frykowski seguía atado en el sillón, Watson ató a las mujeres y al inconsciente Jay Sebring. Luego arrojó un extremo de la cuerda sobre la viga de madera que atravesaba el salón. Susan Atkins se colgó de la cuerda. Watson ordenó a Atkins que matara a Frykowski. Cuando Atkins estaba a punto de hacerlo, Frykowski logró zafarse y, agarrándola por el cabello, la golpeó en la cabeza. Durante la lucha, Atkins logró apuñalarlo cuatro veces en una pierna y dos en la espalda. De alguna forma, el cuchillo cayó y se enterró en el brazo del sofá de la sala de estar de la casa. Watson le disparó a Frykowski, pero este seguía con vida. Watson golpeó a Frykowski en la cabeza con la culata del revólver tan fuerte que rompió parte del revólver.

Abigail Folger, aun ilesa, logró zafarse y correr hasta la entrada de la casa y comenzó a gritar pidiendo ayuda. Patricia Krenwinkel la persiguió. Watson, mientras, apuñaló cuatro veces más a Jay Sebring y luego corrió a buscar a Abigail Folger. Alcanzó primero a Abigail Folger y brincó sobre su cuerpo. Entre Krenwinkel y Watson, apuñalaron a Folger 28 veces en el jardín. Mientras, Frykowski, agonizando, logró salir de la casa pidiendo ayuda. Frykowski logró salir hasta el exterior, cerca del lugar donde estaba Linda Kasabian. Frykowski se puso en pie y se recostó contra el poste de la luz. Linda Kasabian y Frykowski se miraron fijamente por varios segundos a los ojos hasta que cayó al suelo. Watson corrió hasta Frykowski y le dio 51 puñaladas.

Abigail Folger, aún con vida, logró ponerse en pie y caminar hasta el área de la piscina, pero luego caería muerta al suelo.

. . .

Linda Kasabian, horrorizada con lo que habían hecho sus compañeros, corrió hasta el auto de Watson y pensó en huir, pero se arrepintió.

Sharon Tate, ilesa, amarrada al cadáver de Jay Sebring, intentó huir, pero fue descubierta por Susan Atkins. Atkins y Krewinkel la sujetaron mientras Watson la apuñaló 16 veces.

Antes de huir todos, Susan Atkins tomó una toalla y la empapó con la sangre de Sharon Tate, para luego escribir en la puerta de entrada de la casa la palabra "PIG" (en español: Cerdo). El crimen fue calificado como asesinato ritual.

ASESINATO LABIANCA

La noche posterior a los crímenes en la casa de Sharon Tate, seis miembros de "La Familia Manson" partieron con nuevas instrucciones. Los cuatro protagonistas del evento anterior fueron acompañados por Leslie Van Houten y Steve Dennis Grogan. El propio Manson, disgustado por el modus operandi de sus adeptos en la noche anterior, el cual consideraba ruidoso y poco eficiente, acompañó esa noche a sus pupilos personalmente, a fin de mostrarles "como se hacía".

Tras varias horas en las que se estuvo considerando dónde atentar, finalmente se encaminaron al número 3301 de Waverly Drive, en Los Ángeles. Resultó ser esta la vivienda de Leno LaBianca, un ejecutivo de supermercados, y su esposa Rosemary, copropietaria de una tienda de ropa. "La Familia Manson" conocía bien la zona, pues habían asistido a una fiesta en esa misma calle el año anterior.

El mismo Manson asaltó la vivienda de los LaBianca.

Despertó a punta de pistola en el sofá donde se hallaba a Leno, que se había quedado dormido leyendo el periódico, y le trasladó al dormitorio junto a su esposa. Allí, Tex Watson, siguiendo instrucciones cubrió las cabezas de la pareja con fundas de almohada y sujetó estas firmemente en su lugar, usando cable telefónico. Tras presenciar esto con satisfacción, Manson abandonó la escena, no sin antes enviar al interior del domicilio a Krenwinkel y Van Houten, con claras instrucciones de que el matrimonio debía ser asesinado.

. . .

Watson trasladó de nuevo a Leno LaBianca a la sala de estar, y allí empezó a apuñalarle con un cuchillo de caza. El agresor se detuvo al escuchar ruidos de forcejeo procedentes de la habitación. Al dirigirse allí se encontró con Rosemary LaBianca intentando mantener a raya a Krenwinkel y Van Houten, sirviéndose de la lámpara que llevaba atada al cuello. Tex Watson sometió a la mujer propinándole varias puñaladas con el cuchillo. Tras esto regresó a la sala de estar y volvió a atacar a Leno, causándole la muerte tras apuñalarle 12 veces. Cuando terminó, talló la palabra "War" (en español: guerra) en el abdomen expuesto de la víctima, tras desabotonarle el pijama.

En la habitación, las mujeres terminaron su parte con la señora LaBianca, a la que siguieron apuñalando incesantemente. En la autopsia se encontraron hasta 41 heridas de arma blanca.

Tras los brutales asesinatos, y mientras Tex Watson se duchaba en la misma vivienda, Krenwinkel escribió "Rise" (en español: Alzáos) y "Death to the pigs" (en español: Muerte a los cerdos), en las paredes y "Helter Skelter", en la puerta de la nevera. Para ello usó la sangre del señor LaBianca. Después propinó al difunto

Leno 14 heridas punzantes con un tenedor de trinchar, el cual dejó finalmente hincado en su estómago, y luego dejó un cuchillo carnicero clavado en la garganta de la víctima.

Los asesinos de los LaBianca regresaron al rancho Spahn. Mientras tanto, Manson, acompañado por Susan Atkins y Linda Kasabian, tenía la intención de que "La Familia Manson" cometiera otro asesinato pero, los planes no se concretaron y se desestimó la idea. La noche acabó simplemente con Atkins defecando en las escaleras de entrada de una vivienda.

ASESINATO DE SHEA

En un juicio realizado en 1971, Manson fue declarado culpable del asesinato del músico Gary Hinman y del actor Donald Shorty Shea. Donald Shea, además de ser actor, era uno de los cuidadores del rancho Spahn. No se sabe la fecha precisa cuando ocurrió exactamente el crimen ya que su cuerpo apareció años después de la estadía de la secta en ese lugar.

. . .

Si Grogan no hubiera colaborado con la policía para encontrar el cadáver de Shea, ese homicidio nunca hubiera salido a la luz. Al parecer, Manson ordenó a Steve Grogan y Bruce Davis, que asesinaran a Shea, ya que Manson sospechaba de que hablaba constantemente con George Spahn, dueño del rancho, para que echara a La Familia Manson del mismo.

Hay rumores que afirman que Manson sospechaba que Shea sabía sobre los asesinatos de Sharon Tate y el matrimonio LaBianca. Steve Grogan cooperó con las autoridades y les informó en donde estaba el cadáver de Shea, que se encontraba sepultado cerca del rancho. La policía encontró culpables del homicidio a Steve Grogan y Bruce Davis como autores materiales y a Chuck Manson como autor intelectual del crimen. Tex Watson, Bill Vance y Larry Bailey, todos miembros de La Familia Manson, también eran sospechosos del homicidio, hasta que se demostró lo contrario.

3

La Secta De Jonestown

Cometimos un acto de suicidio revolucionario como protesta por las condiciones de un mundo inhumano, proclamó el líder religioso John Jones momentos antes de que 918 seguidores de su organización se suicidaran con cianuro.

El 18 de noviembre de 1978 ocurrió el mayor suicidio en masa de la historia, donde más de 900 personas, entre ellas bebés y niños, perdieron la vida luego de ingerir cianuro. El hecho tuvo lugar en Jonestown, una comunidad religiosa en Guyana creada por el reverendo estadounidense John Jones.

. . .

Doce años antes de la masacre, en 1956, Jonathan Warren Jones (John Jones) había creado la Iglesia del Templo del Pueblo en su natal Indianápolis, Estados Unidos. Durante su infancia, el pastor se había interesado por los marginados, los segregados y los pobres.

Es por eso que en su juventud se involucró en la lucha por la integración racial y el socialismo, afiliándose a los 20 años al Partido Comunista. Con esa ideología, buscaba crear una comunidad donde no existieran fronteras de raza o de nacionalidad.

Jones logró captar un gran número de seguidores, lo que le permitió expandir su iglesia a San Francisco, California. El reverendo había elegido este destino porque creía que en la Costa Oeste estarían salvados de un posible ataque nuclear contra Estados Unidos. Allí aumentó aún más la importancia del templo y creció el número de adeptos. Además, la Iglesia Cristiana reconoció a la congregación y a Jones como su legítimo predicador y líder.

Jones estaba teniendo una carrera fructífera en San Francisco e incluso comenzaba a incursionar en la política.

. . .

Sin embargo, su iglesia captó la atención de la CIA, por lo que el líder de la secta decidió instalar el templo fuera de Estados Unidos.

El lugar elegido fue Guyana debido a que hablaban inglés y no habría problema con la inmigración de los seguidores.

En 1975, el templo arrendó al gobierno guyanés un predio de 140 hectáreas para fundar su colonia.

Comenzó así la construcción de Jonestown bajo la supervisión de los jefes de la comunidad y Jones volvió a California a animar a todos sus seguidores a mudarse al país sudamericano.

En septiembre de 1977, la revista New West publicó una investigación donde acusaban a Jones de torturas físicas y morales a sus seguidores, de impulsar y participar de orgías y de manejar "hitlerianamente" a las personas. Ante esto, la reputación del pastor sufrió un fuerte golpe y se mudó definitivamente a Guyana, seguido por más de 900 adeptos a quienes les había advertido que Estados Unidos sería arrasado por un ataque nuclear.

Jones se quedaba con el caudal financiero y económico de su secta. Por su parte, los seguidores tenían tres reglas que cumplir: no podían desertar, tenían que entregar todos sus bienes materiales al Templo del Pueblo y debían estar dispuestos a morir envenenados cuando el líder lo ordenara.

Los habitantes de la comunidad cultivaban sus alimentos y criaban animales. Pero las altas temperaturas no ayudaban a realizar la labor. Además, tuvieron problemas de abastecimiento agrícola por las malas e insuficientes cosechas.

Simulacros de suicidios

Con sus facultades mentales deterioradas, Jones decía que podía haber "traidores" y que la comunidad supuestamente era amenazada por la CIA. Es por eso que creó las "noches blancas", simulacros de suicidios masivos en los cuales medía la lealtad de sus seguidores. Estas prácticas se realizaban una o dos veces por mes.

. . .

En una declaración jurada, Deborah Layton -desertora de la comunidad- escribió que durante una de esas noches, le dijo a la gente que morirían. Los individuos fueron forzados a tomar lo que creían que era veneno. Aquellos que dudaron fueron amenazados de muerte.

"Durante estas noches blancas, Jones les daba a sus seguidores cuatro opciones: huir a la Unión Soviética, cometer un 'suicidio revolucionario', quedarse en Jonestown para luchar contra los invasores o huir hacia la selva", reveló un informe del FBI que calificó este accionar como lavado de cerebro.

La investigación de Estados Unidos que desencadenó el suicidio.

En mayo de 1978, Deborah, tercera generación de la familia en el Templo del Pueblo, escapó de Jonestown y se refugió en la embajada estadounidense. En la sede diplomática realizó una declaración donde afirmaba que la secta mantenía a más de mil personas en Guyana contra su voluntad. Sumado a esto, familiares de los miembros de la comunidad, que residían en Estados Unidos, realizaron denuncias por privación ilegítima de la libertad de sus seres queridos.

Por estos motivos, el congresista californiano Leo Ryan comenzó a seguir el caso de cerca y visitó Guyana en noviembre de ese año en una comitiva integrada por algunos familiares que habían solicitado ayuda y periodistas para documentar el viaje.

El 17 de noviembre de 1978, la noche previa a que Ryan regresara a Estados Unidos, algunos residentes le pidieron al congresista si podían abandonar la colonia con él. Al día siguiente, la comitiva junto a 14 desertores, entre los que se encontraba Larry Layton, se dirigió al aeropuerto de Kaituma.

Una vez dentro del avión, Layton disparó contra los ocupantes, hiriendo a varios. Miembros de la comunidad que habían escoltado el coche de Ryan dispararon al avión, asesinando al congresista, a tres periodistas, a una de las desertoras -madre de tres hijos que lograron huir- e hiriendo a otros nueve. Los supervivientes del ataque huyeron a campos cercanos y otro grupo entró en la selva, donde estuvieron perdidos durante tres días hasta que los rescataron.

Mientras tanto, Jones reunió a sus seguidores y les recordó las amenazas que estaba sufriendo su comunidad. "Por el amor a Dios, ha llegado el momento de terminar con esto", se lo puede oír en las grabaciones recuperadas por el FBI.

Los integrantes de la comunidad fueron obligados a beber jugo mezclado con cianuro. A los bebés y ancianos se les inyectó el veneno. "Hemos obtenido todo lo que hemos querido de este mundo. Hemos tenido una buena vida y hemos sido amados. Acabemos con esto ya. Acabemos con esta agonía" es lo último que dijo el líder religioso.

"No fue un suicidio masivo. La gente no dijo 'quiero hacerlo'. Fue un asesinato en masa", declaró Laura Johnston Kohl, ex integrante de la secta.

. . .

Un total de 918 fueron las personas que murieron aquel día. Jones se encuentra entre las víctimas fatales. Sin embargo, su causa de muerte fue un disparo de escopeta. En la actualidad se desconoce si se suicidó o si le ordenó a alguien que le disparara.

4

La Historia De Warren Jeffs, Un Profeta Tirano, Violador Y Líder Mormón

Elissa Wall tenía 14 años cuando en 2001 la obligaron a casarse con su primo de 19. La noche de bodas su marido la violó por primera vez. Después vinieron años de abusos y maltrato psicológico. Con 17, Elissa había sufrido dos abortos espontáneos que atribuía a castigos divinos por no ser una buena esposa. El hombre que la obligó a casarse era Warren Jeffs, el líder de la Iglesia Fundamentalista de Jesucristo de los Santos de los Últimos Días (Ifsud), una escisión del mormonismo, a mayor de ellas, que mantiene la poligamia como la clave de bóveda de una organización social basada en el temor al más allá y la sumisión absoluta de la mujer, apenas una esclava destinada a procrear y ser usada como moneda de cambio.

. . .

Aunque en sus orígenes los mormones abrazaron lo que llamaron el matrimonio plural (su fundador, Joseph Smith, tuvo docenas de esposas), acabaron renunciando a la poligamia a principios del siglo XX, lo que provocó un cisma y la escisión de numerosas facciones, la más importante, la Ifsud, dirigida por un presidente, también llamado profeta, cuya palabra es considerada la palabra de Dios y cuyo poder es absoluto: él es quien decide quién se casa con quién, y cuándo, lo cual es sustancial porque para el fundamentalismo mormón alcanzar el grado más alto en el reino de los cielos, el que permite ser un dios y crear planetas y constelaciones, algo exclusivamente reservado a los hombres, claro, requiere conseguir al menos tres esposas. El profeta, además, igual que las da puede quitarlas y asignárselas a otro hombre, junto con los hijos engendrados en común. Y, además de formar o romper familias a voluntad, puede quedarse con el dinero, las propiedades y hasta los negocios de cualquier miembro de la secta; obligar a cualquiera a trabajar las horas que convenga, y expulsar a quien considere. Conviene estar a buenas con él: replicarle es cuestionar la voluntad de Dios y el camino más corto a la muerte y la perdición eterna.

. . .

Existe un documental que se remonta a los tiempos en que el profeta era Rulon Jeffs, Tío Rulon, que asumió el cargo en 1986 y cuyo lema, que repetía como una letanía a sus esposas, se calcula que tuvo más de 80, era "keep sweet" (mantente dulce, o dócil). Su hijo favorito de entre los 62 que se le atribuyen, Warren, tomó el control de la Iglesia cuando en 1998 el patriarca sufrió un derrame, y adoptó el de "pray and obey" (reza y obedece). Si Rulon llevaba su lema impreso en las suelas de los zapatos, Warren incrustó el suyo en la pared exterior de su casa, a la vista de todos.

Al morir el padre, en 2002, el hijo se erigió en el nuevo profeta y sacó el puño de hierro del guante de seda en el que lo camuflaba su progenitor. Obligó a las mujeres a vestir todas igual y llevar el mismo peinado, y a la mayoría de las esposas de su padre, a casarse con él. Y, con el pretexto de que los Juegos Olímpicos de invierno que iban a celebrarse en Salt Lake City (Utah) traerían todo tipo de desgracias, ordenó a todos los miembros de la secta que vivían allí que se mudaran a Short Creek, una pequeña comunidad de fundamentalistas mormones en la frontera de Utah y Arizona. El pueblo, en medio de ninguna parte y de difícil acceso, lo que facilitaba el aislamiento, multiplicó por 10 su población.

. . .

Elissa Wall huyó de la Ifsud y denunció a Jeffs por haber forzado su boda a los 14 años, lo que le convertía en cómplice de una violación. El profeta pasó a la clandestinidad y se dedicó a darse la gran vida mientras viajaba de incógnito por el país, contraviniendo los preceptos que imponía a sus súbditos. Lo pillaron en el verano de 2006, y en 2007 lo condenaron a 10 años de cárcel. Ese juicio después sería declarado nulo, pero en 2011 le cayeron dos condenas que suman 120 años por la violación de dos menores de edad, de 15 y 12. Una de las pruebas fue una grabación de audio de la segunda de las violaciones, cometida ante varias de sus esposas. Tenía 78, 28 de ellas menores.

Jeffs usó su religión para explicar su comportamiento sexual. Grabó un audio de sí mismo teniendo relaciones sexuales con una de estas víctimas, que tenía 12 años en ese momento. Le dijo que sintiera el espíritu de Dios y se refirió a ella como su esposa de consuelo celestial. Los miembros del jurado escucharon el audio perturbador durante su juicio por abuso sexual.

. . .

La cinta fue uno de varios confiscados por las autoridades cuando la policía descendió sobre el complejo de Jeffs en el YFZ Ranch (o Yearning for Zion Ranch) en abril de 2008.

Jeffs también se grabó a sí mismo dando conferencias a mujeres y niñas sobre sexo. El jurado escuchó grabaciones que hizo Jeffs en las que instruía a sus seguidoras sobre cómo (y por qué) tener relaciones sexuales. Sostuvo que debían serle leales. "Has sido entrenado para mantener tu cuerpo cubierto de los demás cuando yo no esté presente. Deben estar tan cómodos desnudos como vestidos cuando están juntos", según los informes, dijo en las cintas.

Se espera que las mujeres sean obedientes dentro de la secta religiosa. Los devotos creen que Dios habla directamente a través de Jeffs y solo él puede asignar (o reasignar) esposas.

Se cree que las esposas pertenecen a sus maridos para siempre, compartidas NPR. Los expulsados del FLDS (o los que se fueron por su cuenta) son llamados apóstatas y son rechazados, según El Salt Lake Tribune.

. . .

Jeffs estuvo en la lista de los diez fugitivos más buscados del FBI en mayo de 2006. Fue buscado por presuntas agresiones sexuales en 2002 y capturado en Las Vegas en agosto de 2006 después de dos años de fuga. Una condena de 2007 por accesorio de violación fue anulada, pero estaba de vuelta en el agua caliente cuando el YFZ Ranch fue asaltado. Las autoridades encontraron una práctica generalizada de abuso.

5

Mar Applewhite

MARSHALL HERFF APPLEWHITE, también conocido como Bo y Do, entre otros nombres fue un líder religioso estadounidense, fundador de la secta Heaven's Gate y organizador en 1997 de su suicidio colectivo, el más numeroso en la historia de su país natal.

Originario de Texas, Applewhite asistió a varias universidades y, de joven, sirvió en el Ejército de los Estados Unidos. Después de terminar la escuela, dio clases de música en la Universidad de Alabama. Más tarde regresó a Texas, donde dirigió coros y ocupó el cargo principal del departamento de música de la Universidad de Santo Tomás, en Houston, aunque abandonó la universidad en 1970, tras alegar confusión emocional. La muerte de su padre, ocurrida un año después, lo sumergió en una depresión severa.

En 1972, comenzó una amistad cercana con Bonnie Nettles, una enfermera; juntos solían discutir sobre el misticismo y llegaron a la conclusión de que habían sido llamados para ser mensajeros divinos. Intentaron, sin éxito, abrir una tienda de libros y un centro de enseñanza y en 1973 comenzaron a viajar por los Estados Unidos para propagar sus ideas; sin embargo, lograron convertir a una sola persona.

En 1975, la policía arrestó a Applewhite por no haber devuelto un automóvil de alquiler y lo envió a prisión por seis meses. En la cárcel, continuó desarrollando sus ideas teológicas.

Después de su liberación, Applewhite viajó a California y a Oregón con Nettles, y finalmente formó un grupo de seguidores devotos. La pareja dijo a sus seguidores que los visitarían unos extraterrestres que les darían cuerpos nuevos. Al principio, Applewhite declaró que él y sus seguidores ascenderían de forma física a una nave espacial, donde sus cuerpos se transformarían, pero más tarde comenzó a proclamar que sus cuerpos eran meros contenedores de sus almas y que eran estas las que debían reubicarse en cuerpos nuevos. Expresó estas ideas con el lenguaje propio de la escatología cristiana, el movimiento nueva era y la cultura popular estadounidense.

A finales de los años setenta, el grupo recibió numerosos fondos, que se usaron para pagar el alojamiento y otras expensas. En 1985, Nettles falleció y dejó a Applewhite consternado y confundido con respecto a sus ideas sobre la elevación física. A principios de los años noventa, el grupo hizo un mayor esfuerzo para promocionarse; en 1996, descubrieron que el cometa Hale-Bopp se estaba acercando a la Tierra e iniciaron el rumor de que lo acompañaba una nave espacial. Llegaron a la conclusión de que esta nave espacial era el vehículo que transportaría sus espíritus en un viaje hacia otro planeta. Con la creencia de que sus almas ascenderían hacia la nave espacial y de que recibirían nuevos cuerpos, todos los miembros de la secta cometieron un suicidio colectivo en su mansión. Después del descubrimiento de los cuerpos, se desató una gran atención de parte de los medios de comunicación. Tiempo después, los periodistas y académicos comentaron cómo Applewhite había logrado persuadir a la gente para que siguiera sus órdenes, incluyendo el suicidio. Algunos comentaristas atribuyeron la disposición de sus seguidores para suicidarse a su destreza como manipulador, mientras que otros sostuvieron que su disposición se debió a la fe que tenían en las historias que inventaba.

Dado que su padre era ministro presbiteriano, Applewhite fue un niño muy religioso. Asistió a la Escuela Secundaria Corpus Christi y al Austin College; en este último, participó en numerosas organizaciones estudiantiles y fue moderadamente religioso.5Obtuvo un título de grado en Filosofía en 1952 y más tarde ingresó al Unión Presbyterian Seminary para estudiar Teología, con la esperanza de convertirse en ministro.

Contrajo matrimonio con Anne Pearce en esa época, y más adelante tuvieron dos hijos. Poco después de haber comenzado sus estudios en el seminario, decidió abandonar la escuela e iniciar una carrera musical, por lo que tomó el puesto de director musical en una iglesia presbiteriana de Carolina del Norte. Era un cantante barítono y le agradaba el canto espiritual y la música de Handel. En 1954 se enroló en el Ejército de los Estados Unidos y sirvió en Austria y en Nuevo México como integrante de los Signal Corps. Abandonó el ejército en 1956 e ingresó en la Universidad de

Colorado, donde obtuvo una maestría en música con especialización en teatro musical.

Applewhite se mudó a Nueva York en un intento sin éxito de iniciar una carrera como cantante profesional después de terminar su educación en Colorado. Más tarde, comenzó a dar clases en la Universidad de Alabama. Perdió su cargo en la universidad después de haber tenido una relación sexual con un estudiante varón; su iglesia no apoyaba las relaciones homosexuales, por lo que Applewhite se sentía frustrado sexualmente. En 1965, se separó de su esposa después de que ella descubriera el engaño, y se divorciaron tres años después.

Después de dejar la Universidad de Alabama, Applewhite se mudó a Houston, Texas, en 1965 para dar clases en la Universidad de Santo Tomás. Sus estudiantes lo consideraban un orador atractivo, con buen gusto para vestir.

Ocupó la dirección del departamento de música y también se convirtió en un cantante popular a nivel local: fue director del coro de una iglesia episcopal y

cantó con la compañía Houston Grand Opera. En Texas, se mostró abiertamente homosexual por un breve período de tiempo, pero también tuvo una relación con una joven, quien lo abandonó presionada por su familia y lo dejó sumido en una profunda depresión.
En 1970, renunció a su puesto en la Universidad de Santo Tomás, alegando depresión y otros problemas emocionales. Robert Balch y David Taylor, dos sociólogos que estudiaron la secta de Applewhite, especularon con que esta partida se debió a otro romance entre Applewhite y un estudiante. El presidente de la universidad más tarde recordaría que, en sus últimos años allí, Applewhite se veía confundido y desorganizado.

En 1971, Applewhite se mudó por un breve período de tiempo a Nuevo México, donde estableció una rotisería.

Tenía muchos clientes, pero decidió regresar a Texas pocos meses después. Su padre falleció en esa época; su pérdida fue un golpe emocional muy significativo para él y lo dejó nuevamente sumergido en la depresión. Sus deudas aumentaron, y se vio obligado a pedir dinero prestado a sus amigos.

NETTLES Y PRIMEROS VIAJES

En 1972, Applewhite conoció a Bonnie Nettles, una enfermera interesada en la teosofía y en las profecías bíblicas. Se hicieron amigos cercanos muy rápido; más tarde, Applewhite dijo que sentía como si la conociera desde hacía mucho tiempo y extrajo como conclusión que se habían conocido en una vida anterior. Nettles le dijo que unos extraterrestres le habían pronosticado su encuentro y lo convenció de que tenía una misión divina. Para esa época, había comenzado a investigar alternativas de la doctrina cristiana tradicional, incluyendo la astrología. También había tenido numerosas visiones, como por ejemplo una en la que una aparición le dijo que había sido elegido para desempeñar un papel como el de Jesucristo. En su biografía de 2005, la autora Susan Raine explica que pudo haber tenido un episodio esquizofrénico en esos años.

Applewhite pronto se mudó con Nettles. Aunque convivían, su relación no era sexual; para Applewhite, era la unión profunda y amorosa pero platónica que siempre había querido. Nettles era casada y tenía dos hijos, pero después de conocer a Applewhite su esposo se divorció de ella y perdió la custodia de los niños. Applewhite también perdió contacto con su familia de manera permanente. Veía a Nettles como su alma gemela, y algunos de sus conocidos más tarde dirían que ella ejercía una fuerte influencia sobre él. Raine afirmó que Nettles "fue la responsable de reforzar sus creencias en falsas ilusiones", pero el psiquiatra Robert Jay Lifton sostuvo que la influencia de la enfermera lo ayudó a evitar un mayor deterioro psiquiátrico.

Applewhite y Nettles abrieron una librería conocida como "Christian Arts Center" (en español, 'centro cristiano de artes'), que vendía libros relacionados con varias temáticas dentro de la espiritualidad.37También inauguraron un centro de enseñanza conocido como Know Place, donde impartían clases de misticismo y teosofía, aunque cerraron estos negocios poco tiempo después. En febrero de 1973, decidieron viajar para enseñarles sus ideas a otras personas y condujeron a lo largo del sudoeste y el oeste de los Estados Unidos; Lifton describió sus viajes como "viajes espirituales peripatéticos, sin descanso, intensos y a menudo confusos".

. . .

En agosto de 1974, la policía de Texas arrestó a Applewhite en Harlingen (Texas) por no haber devuelto un automóvil que había alquilado en el estado de Misuri. Fue extraditado a San Luis (Misuri) y encarcelado durante seis meses. En ese momento, sostuvo que había sido autorizado por una fuerza divina para conservar el auto. En la cárcel, reflexionó sobre varios temas teológicos y decidió abandonar el ocultismo para centrarse únicamente en los extraterrestres y la evolución trascendental.

Después de la liberación de Applewhite, él y Nettles decidieron contactar a los extraterrestres y buscaron seguidores que pensaran como ellos. Publicaron avisos de reuniones, donde reclutaban discípulos, a los que llamaban "tripulantes".

En los eventos, pretendían representar a seres de otro planeta, el Siguiente Nivel, que buscaban participantes para un experimento y decían que quienes participaran allí ascenderían a un nivel evolutivo superior. Él y Nettles se referían a sí mismos como "Guinea" y "Pig" (en español, cobaya, conejillo de indias). Applewhite se describía a sí mismo como un «instructor de laboratorio» y era el orador principal, mientras que Nettles intervenía en ocasiones para clarificar observaciones o para hacer correcciones. Ambos hablaban rara vez con los participantes: lo único que hacían era pedirles sus números telefónicos para poder contactarlos.

Al principio, nombraron a su organización Anonymous Sexaholics Celibate Church (en español, "Iglesia célibe para erotómanos anónimos"), pero pronto se hizo conocida como Human Individual Metamorphosis (en español, "La metamorfosis individual humana").

Applewhite creía en la teoría de los antiguos astronautas, que sugiere que los extraterrestres visitaron a la humanidad en el pasado, que depositaron a los humanos en la Tierra y que regresarán para recoger a unos pocos selectos.60Algunas partes de esta hipótesis son similares al concepto de la elección incondicional de las Iglesias Reformadas cristianas; esta influencia se debió, probablemente, a la educación presbiteriana de Applewhite. A menudo, hablaba sobre los extraterrestres usando frases de una serie de televisión y declaraba que los aliens se comunicaban con él mediante la famosa serie de televisión.

Applewhite y Nettles enviaron publicidades a varios

grupos de California y fueron invitados a hablar a numerosos devotos de la Nueva Era en abril de 1975. En esta reunión, convencieron a casi la mitad de los cincuenta participantes para que los siguieran. También se enfocaron en los campus universitarios: en agosto, dieron una conferencia en el Cañada College. En una reunión en Oregón en septiembre de 1975, lograron reclutar a más personas: alrededor de treinta personas abandonaron sus hogares para seguir a la pareja, lo que atrajo la atención de los medios de comunicación. La cobertura fue negativa: los periodistas y algunos antiguos miembros se burlaron del grupo y lanzaron acusaciones de lavado de cerebro contra Applewhite y Nettles. Sin embargo, Balch y Taylor declararon que Applewhite y Nettles evitaron las tácticas de presión, ya que buscaban solamente seguidores devotos.

EL SUICIDIO

En octubre de 1996, el grupo alquiló una mansión en el Rancho Santa Fe (en el estado de California). Ese año, grabaron dos mensajes en video en los cuales ofrecían a sus espectadores una "última oportunidad para abandonar la Tierra". Aproximadamente al mismo tiempo, descubrieron que se estaba acercando al planeta el cometa Hale-Bopp.

Applewhite creía que Nettles estaba a bordo de una nave espacial arrastrando el cometa, y que planeaba encontrarse con ellos. Le dijo a sus seguidores que la estela los transportaría a un destino empíreo, y que había una conspiración del gobierno para evitar que se hablara de la nave. Además, declaró que sus seguidores fallecidos también viajarían en la estela, una creencia que se parecía a la doctrina cristiana del arrebatamiento. No se sabe cómo descubrió que el cometa pasaría de la Tierra o por qué creía que lo acompañaban extraterrestres.

A finales de marzo de 1997, el grupo se aisló a sí mismo y grabó declaraciones de despedida. Muchos miembros alabaron a Applewhite en sus mensajes finales; Davis describió sus comentarios como "regurgitaciones del gospel de Do". Applewhite grabó un video poco antes de su muerte, donde calificó los suicidios como la "salida final" del grupo y señaló que "odiaban este mundo con toda honestidad". Lewis conjeturó que Applewhite decidió el suicidio en ese momento porque había dicho que el grupo ascendería durante su vida y, por lo tanto, de esta manera sería inviable que eligieran a un sucesor.

Los integrantes de esta secta suponían que eran extraterrestres. Entregaron sus pertenencias y los hombres de la secta se dejaron castrar. En vísperas de su suicidio, bebieron zumo de limón a fin de purificar su cuerpo.

Los 39 cadáveres fueron encontrados el 26 de marzo de 1997 en una localidad del municipio de Rancho Santa Fe, al norte de San Diego, en el estado de California. Sus muertes se debieron a una sobredosis del conocido barbitúrico llamado fenobarbital mezclado con zumo de manzana y vodka.

Las muertes tuvieron lugar durante tres días y Applewhite fue uno de los últimos cuatro que fallecieron; tres asistentes lo ayudaron a suicidarse y después ellos también se suicidaron. El departamento de policía recibió una llamada anónima para que registraran la mansión; el 26 de marzo, encontraron treinta y nueve cuerpos en el lugar. Fue el mayor suicidio colectivo de la historia de los Estados Unidos. Los detectives encontraron el cuerpo de Applewhite sentado en la cama del principal dormitorio de la mansión. Los forenses determinaron que su miedo al cáncer era infundado, pero que sufría de aterosclerosis coronaria.

Lalich sugirió que estaban dispuestos a suicidarse con Applewhite porque se habían convertido en seres totalmente dependientes de él y por lo tanto no podían vivir en su ausencia. Davis atribuye el éxito de Applewhite para convencer a sus seguidores de suicidarse a dos factores: los aisló de la sociedad y cultivó una actitud de obediencia religiosa completa en ellos. Los estudiantes de Applewhite habían hecho un compromiso a largo plazo con él, y Balch y Taylor infirieron que esta es la razón por la que sus interpretaciones de los eventos les parecían coherentes. La mayoría de los fallecidos habían sido miembros por casi veinte años, aunque unos pocos eran conversos recientes.

6

Nxivm

Más de una decena de víctimas ofrecieron un testimonio desgarrador sobre el modo en el que Keith Raniere las manipuló y abusó sexualmente de ellas. Keith Raniere prometió un camino a la felicidad y sedujo a personas adineradas que sentían que no tenían un gran propósito en la vida. Su compañía, Nxivm, ofrecía talleres de superación personal que se hicieron muy populares en Hollywood y círculos empresariales.

Pero detrás de esa apariencia, Raniere era el titiritero que controlaba una empresa criminal con características de culto, según han revelado los fiscales en su juicio. Algunas mujeres en Nxivm fueron abusadas sexualmente por Raniere e incluso fueron marcadas con sus iniciales en una ceremonia secreta.

. . .

El martes 27 de octubre del año 2020, Raniere, de 60 años, fue sentenciado a 120 años de prisión por tráfico sexual y otros delitos. En efecto, recibió una sentencia de cadena perpetua. El juez también le ordenó pagar una multa de 1,75 millones de dólares. La sentencia concluye la asombrosa caída de un hombre que alguna vez fue un ídolo para sus seguidores, pero que ha sido expuesto como un defraudador que explotaba a los integrantes de Nxivm por dinero, sexo y poder.

El juez Nicholas G. Garaufis del Tribunal Federal de Distrito en Brooklyn dictó la pena después de escuchar horas de testimonios desgarradores de 15 víctimas, muchas de ellas mujeres que describieron la manera en la que Raniere les causó traumas y un lavado de cerebro después de sus enseñanzas pseudocientíficas.

La primera persona en hablar fue una mujer identificada solo como Camila, quien relató con voz temblorosa que Raniere empezó a abusar sexualmente de ella cuando tenía 15 años y él 45. Ella había rechazado cooperar con los fiscales en el pasado por consejo de un abogado que le recomendaron asesores de Raniere.

Camila dijo que durante los doce años de relación, Raniere esperaba que ella estuviera disponible a todas horas para tener relaciones sexuales.

Le ordenaba pesar menos de 46 kilos y le exigió someterse a un aborto. Aseguró que había intentado suicidarse una vez.

Cuando Raniere quiso reemplazar a Camila, advirtieron los fiscales, él le pidió a los integrantes de su círculo cercano que le encontraran otra "virgen joven para sustituirla".

La madre, hermano y hermana de Camila testificaron el martes, y relataron que Raniere destruyó a la que alguna vez fue una familia unida. El padre y la hija mayor de la familia, quien tiene un hijo con Raniere, todavía lo apoyan.

. . .

Raniere mantuvo una relación de carácter sexual con las tres hermanas de la familia.

En un discurso ante el tribunal, Raniere, quien llevaba un uniforme de prisión azul, mantuvo su inocencia y dijo que algunas de las víctimas estaban mintiendo. Dijo que estaba "profundamente arrepentido" y argumentó que no tenía la intención de causar tanto dolor y enfado. "La situación en la que me encuentro la causé yo", dijo Raniere. "Todo esto es obra mía".

Mientras Raniere oscilaba entre pedir disculpas y culpar a las mujeres, Toni Natalie, una de sus víctimas y exnovias, ocultó la cabeza entre sus manos.

Después de los testimonios de las víctimas, el abogado de Raniere, dijo que su cliente nunca quiso lastimar a ninguna mujer, arguyó que él estaba enamorado de ellas y que simplemente tuvo problemas para lidiar con las rupturas. En un momento inesperado, el juez Garaufis interrumpió a Agnifilo en la mitad de su discurso con un sonoro "¡No!"

Durante el intercambio, en el que los dos hombres se increpaban a través del cubrebocas, el juez Garaufis alzó la voz con fuerza y dijo que la intención no importaba cuando un hombre de 45 años abusaba sexualmente de una menor de edad. "Es un insulto a la inteligencia de cualquiera que esté escuchando", dijo el juez.

El abogado pareció reconocer algunas tensiones con su cliente y advirtió que a pesar de que Raniere se lo pidió, se había negado a presentar una moción que alegaba que el gobierno había manipulado pruebas. En los últimos meses, Raniere encabezó una campaña para revocar su condena y alentó a sus seguidores a producir un podcast sobre su caso y organizaran un concurso para encontrar errores en su proceso judicial a cambio de un premio en efectivo de 25.000 dólares.

Otra víctima, India, dijo al tribunal que Raniere trató de dañar la relación con su madre, la actriz Catherine, cuyos esfuerzos por sacar a su hija de la organización se presentan en una serie documental sobre Nxivm.

India Oxenberg dijo que Raniere quería que lo esperara desnuda, como un pedazo de carne. Durante el tiempo de manipulación al que estuvo sometida, dijo, bajó tanto de peso que dejó de tener su periodo menstrual.

. . .

"Eres un depredador sexual y me violaste", dijo India. "Rehuía cuando me tocabas". Exintegrantes de Nxivm [que se pronuncia "néxium"] dijeron que Raniere se aprovechó de personas inseguras que esperaban que tomar costosas clases de autoayuda revelaría la clave de la realización personal. Incluso gente con alto nivel de educación quedó atrapada en el sistema de Raniere, que promocionaba como la única vía para superar los miedos y avergonzando a cualquiera que intentara abandonarlo.

Uno de los focos principales del juicio contra Raniere fue un grupo secreto dentro de Nxivm integrado sólo por mujeres.

Durante una ceremonia de iniciación que se grababa en video, las mujeres debían permanecer desnudas sobre una mesa y decían: "Amo, por favor, márcame", mientras una herramienta de cauterización les quemaba la piel sin uso de anestesia.

. . .

Algunas de esas mujeres testificaron que pensaban que se estaban uniendo a un grupo de mentoría de mujeres pero pronto descubrieron que se les ordenaba tener relaciones sexuales con Raniere. A las mujeres, a quienes se les llamaba "esclavas", se les exigía entregar con regularidad garantías o pruebas colaterales, como videos sexualmente explícitos, que constantemente temían fueran hechos públicos. Los fiscales lo llamaron extorsión.

Una antigua "esclava" identificada solo como Nicole le dijo al juez que la garantía era lo único que le impedía escupirle a Raniere en la cara durante el tiempo que estuvo en el grupo, que describió como la experiencia más degradante de su vida. "Nunca acepté renunciar al derecho a mi cuerpo", dijo.

En junio de 2019, un jurado condenó a Raniere después de un juicio que duró seis semanas. Además de tráfico sexual, el jurado lo declaró culpable de delitos que incluían extorsión y pornografía infantil.

Para ese momento, Raniere todavía tenía numerosos seguidores que insistían en que todas las actividades en

Nxivm eran realizadas entre adultos que dieron su consentimiento. Decenas de ellos escribieron cartas a la corte en las que pedían un indulto.

Muchos de sus seguidores acudieron a Brooklyn y esperaron durante horas en la fila para entrar al juzgado.

Había un ambiente tenso antes de la sentencia. Los partidarios leales de Raniere se acercaban a las víctimas u otros abogados involucrados en el caso, quienes trataron de evadirlos. Nxivm fue financiada en gran parte por una heredera de la fortuna de un negocio de licores, quien gastó más de 100 millones de dólares de su herencia para demandar a los enemigos de Raniere y apoyar a la organización.

Una de las principales reclutadoras de Nxivm fue Alexa Mack, una actriz de televisión conocida por su papel en una serie muy famosa de los 2000s cuyos testimonios elogiosos contribuyeron a atraer a celebridades de Hollywood a la organización. El Dalai lama habló una vez en un evento de Nxivm.

. . .

Raniere fue acusado junto con cinco mujeres de su círculo íntimo, incluidas Bronfman y Mack. Todas se declarararon culpables antes de su juicio. Bronfman fue sentenciada en septiembre a más de seis años de prisión por su papel en Nxivm. Las demás aún no tienen fecha para sus sentencias.

Raniere nunca se ha casado y tuvo relaciones largas con varias mujeres de manera simultánea. El plan de estudios de Nxivm enseñaba que las mujeres debían ser monógamas, mientras que los hombres debían ser polígamos.

Tuvo hijos con dos mujeres, incluida Cristine Keeffe, quien habló en el juicio y dijo que él nunca había pagado la manutención de su hijo adolescente.

Keeffe dijo que a pesar de que fue contratada en el departamento de asuntos legales de Nxivm, Raniere le exigió obediencia sexual. Ella y otras víctimas dijeron que los líderes de Nxivm les dijeron que no buscaran ayuda médica profesional porque Raniere era mejor que los doctores.

. . .

Desde que Raniere fundara Nxivm en 1998, alrededor de 18.000 personas han tomado sus cursos en Estados Unidos, México y Canadá. La presentación de venta del grupo advertía que Raniere era un genio con uno de los coeficientes intelectuales más altos del mundo. En realidad, los fiscales dijeron que se graduó con un promedio de 2,26 puntos (de 4,0) del Instituto Politécnico Rensselaer en Troy, Nueva York.

La mayoría de los integrantes de Nxivm no mantuvieron relaciones sexuales con Raniere, pero fueron presionados a pagar más clases y algunas veces se endeudaron para hacerlo. Una pareja calcula que gastó 300.000 dólares en cursos de Nxivm y se vieron forzados a declararse en bancarrota, dijeron los fiscales.

Los desertores de Nxivm dicen que abandonar el grupo no era tan sencillo como podría parecer.

Muchas personas tomaron algunos talleres y siguieron con sus vidas. Pero otros participantes abandonaron sus carreras y se trasladaron a la sede de la empresa, cerca de Albany, Nueva York, donde estaban aislados y más susceptibles a la influencia de Raniere. Quienes se convirtieron en instructores de Nxivm dependían de la organización para obtener ingresos. Algunos eran inmigrantes mexicanos que necesitaban a Nxivm para mantener su estatus autorizado en Estados Unidos.

Y habían visto lo que les sucedía a los críticos de Nxivm, quienes fueron asediados por investigadores privados y sacudidos con interminables demandas. Bronfman incluso había convencido a las autoridades para que iniciaran investigaciones penales contra algunos de ellos. Cuando las autoridades finalmente arrestaron a Raniere en 2018, estaba en una villa de lujo cerca de Puerto Vallarta, en México, escondido en un armario. Vivía con varias mujeres de Nxivm. Mientras se alejaba la patrulla en la que lo subieron, las mujeres lo persiguieron.

MÁS ORGANIZACIONES

Programas de Éxito Ejecutivo, Inc.

Programas de Éxito Ejecutivo, Inc. es una empresa destinada a favorecer el potencial humano y la ética a través de diversos programas, que son aplicaciones prácticas de la tecnología patente-pendiente de

Raniere, Cuestionamiento Racional. Hasta la fecha, más de dieciséis mil personas de más de treinta y tres países participaron en estos programas.

Jness

Jness es una empresa de educación experimental únicamente para las mujeres para explorarse a sí mismas y a su papel en el mundo de hoy. Asimismo, ofrecía a las mujeres infraestructuras de redes, intercambio de recursos y construcción de la comunidad.

Jardín Cultural Arco iris

Un programa de desarrollo infantil altamente innovador diseñado para promover a los niños cultural y lingüísticamente, en el potencial emocional, físico y en la resolución de problemas. Un éxito sin precedentes del programa ha llamado la atención de los expertos en desarrollo infantil, los inversores privados y dignatarios de los Estados Unidos y México.

. . .

Última

Se anunciaba como una gran experiencia, programa multidisciplinario diseñado para avanzar en toda la gama de la expresión humana en todas sus diversas formas. Creado por Keith Raniere, Última es una aplicación de Cuestionamiento Racional y se lleva a cabo por su coautor y colega Ivy Nevares a través de su compañía, Centro Nataraja para el Movimiento de Arte.

In Lak' Ech

Un movimiento civil en México que busca transformar la violencia con la compasión. Este movimiento ha sido apadrinado por Emiliano Salinas Ocelli, hijo del expresidente Carlos Salinas de Gortari. Se le solicita a los miembros una contribución por su participación, donde en un esquema piramidal se le da beneficios económicos a los miembros que puedan traer más personas al culto.

Innovaciones A Capella

. . .

Una organización sin fines de lucro dedicada a crear conciencia pública y el disfrute del instrumento humano mediante el fomento de la expresión libre y auténtica y explorar su aplicación a la humanidad, la civilización y a la ética.

La organización ha celebrado dos actos públicos de alto perfil, invitando seleccionados grupos universitarios de a capella a unirse en los programas de fin de semana ofreciendo talleres innovadores y clases magistrales con expertos de las industrias de a capella y de entretenimiento.

Fundación Ética Humanitaria

La Fundación Ética Humanitaria es una iniciativa privada; esta fundación sin fines de lucro da apoyo a los esfuerzos que promuevan abrazar a la humanidad, el desarrollo de la ética y la humanidad en movimiento hacia una civilización más noble.

Fundamentos Éticos del Consorcio Mundial

. . .

Los Fundamentos Éticos del Consorcio Mundial (FECM) es una iniciativa sin fines de lucro que promueve la comprensión y aplicación de la ética compasiva en la comunidad mundial. Según su anuncio: Nuestros distinguidos miembros son individuos que demuestran un alto grado de ética y un compromiso con la humanidad, ética compasiva, y una experiencia en al menos una rama de la comunidad.

INFLUENCIA POLÍTICA EN MÉXICO

En México, varias élites políticas y de medios fueron influenciadas por Keith Raniere y su secta NXIVM.

El actual funcionario público Jorge Jileta, parte del equipo de trabajo de la subsecretaría Martina Delgado de la Secretaría de Relaciones Exteriores, fue miembro de NXVIM. En 2020 se hizo público un video donde se lo podía ver bailando para Keith Raniere.

Carlos Occeli, hijo del expresidente Carlos Salinas, es parte del Executive Success Program (ESP), que es, a su vez, parte de NXIVM. Él mismo daba conferencias sobre temas de superación. La relación de Raniere con Occeli es pública y al menos en los círculos políticos y empresariales no es un misterio. El mismo hijo del expresidente relaciona su organización Movimiento In Lak' Ech por la Paz AC con NXIVM y sus postulados.

7

Wendy Shamblin Lara

WENDY SHAMBLIN LARA (18 de febrero de 1955 - 29 de mayo de 2021) fue una autora estadounidense, fundadora del programa de dieta cristiana The Weigh Down Workshop y fundadora de Remnant Fellowship.

Lara obtuvo una licenciatura en dietética y una maestría en alimentos y nutrición con énfasis en bioquímica de la Universidad de Tennessee, en Knoxville. Fue dietista registrada, consultora y miembro de la facultad en la Universidad Estatal de Memphis durante cinco años. También trabajó en el Departamento de Salud de Tennessee de la ciudad durante cinco años. Lara fue criada en una familia de la Iglesia de Cristo. Tenía dos hijos y siete nietos.

. . .

Lara comenzó una práctica de consultoría de control de peso en 1980. Había luchado con su peso en la universidad.

Aconsejó que la genética, el metabolismo y la modificación del comportamiento no explicaban por qué algunas personas eran delgadas mientras que otras tenían sobrepeso.

Lara fundó Weigh Down Workshop, un programa de pérdida de peso sin restricciones de alimentos, regímenes de ejercicio, pesajes o conteo de calorías en 1986.

Algunos expertos expresaron su preocupación por que el programa eliminó el ejercicio y la orientación sobre la selección de alimentos según lo recomendado por la Asociación Dietética Estadounidense.

Lara desarrolló Weigh Down Workshop mientras trabajaba en su maestría en la Universidad Estatal de Memphis.Como parte de un centro de asesoramiento, Lara fue la anfitriona de la primera clase en un centro comercial en Memphis, Tennessee. El programa se ofreció como clases pequeñas en entornos minoristas y no religiosos.Comenzó a presentar el programa en la Iglesia Bautista Bellevue cerca de Memphis en la década de 1990.El programa consistió en seminarios de 12 semanas guiados por cintas de video y audio con Lara.

El programa se ofreció en alrededor de 600 iglesias en 35 estados de EE. UU. en 1994.

El programa estaba en más de 1000 iglesias en 49 estados, Gran Bretaña y Canadá en enero de 1995. El programa había crecido a alrededor de 5.000 iglesias, con alrededor del 10 por ciento ubicado en Tennessee, el estado natal de Lara, en julio de 1996. Aproximadamente ocho iglesias en Gran Bretaña estaban organizando talleres en diciembre de 1996. Algunos participantes en los EE. UU. organizaron reuniones en sus hogares.

En 1996, Weigh Down Workshop tenía una plantilla de 40 personas y construyó una sede en Franklin, Tennessee, y Lara comenzó a organizar una convención anual de verano, Desert Oasis, en el área de Nashville.

Weigh Down Workshop organizó más de 21.000 clases con más de 250.000 participantes en todo el mundo en agosto de 1998.Las clases se impartieron en todos los estados de EE. UU. y Canadá y Europa. Lara fue criticada por usar la etiqueta de cristianismo mientras construía su negocio. En 2001, WTVF, afiliada de Nashville CBS, investigó cómo gastaban dinero los líderes de Weigh Down Workshop. Lara dijo que la mitad de las ganancias de Weigh Down Workshop se pagaron como impuestos y la otra mitad se devolvió al programa.

Shamblin fundó Remnant Fellowship Church en Franklin, Tennessee en 1999.

El edificio de la iglesia se completó en 2004 en 40 acres que Lara compró en Brentwood, Tennessee. Tras su muerte en 2021, se descubrió que el testamento de Shamblin no dejó nada de su fortuna multimillonaria a la iglesia.

. . .

Shamblin publicó un libro que aconsejaba a los lectores usar la espiritualidad para evitar comer en exceso, en 1997. El libro vendió más de 1,2 millones de copias. La dieta Weigh Down enseña que el amor por la comida debe transferirse al amor por Dios, y reducir las porciones de comida a la mitad y comer solo cuando tenga hambre.

Shamblin envió un correo electrónico a sus seguidores diciendo que creía que la doctrina de la Trinidad no era bíblica el 10 de agosto de 2000. En respuesta, algunas iglesias evangélicas abandonaron su programa, incluso la editorial con quien tenía contrato, canceló la publicación de su próximo libro, fue eliminada del sitio web de Mujeres de Fe y algunos empleados abandonaron su personal.

Una docuserie explora algunas de las acusaciones hechas contra Wendy Shamblin Lara y Remnant Fellowship Church a lo largo de los años.

Yosef y Sonya Smith eran seguidores de Shamblin y tenían un hijo de ocho años, Yosef.

. . .

Sonya y Yosef disciplinaban rutinariamente a Yosef golpeándolo con barras de pegamento de un pie de largo, cinturones y perchas calientes; encerrarlo en espacios confinados por largos períodos de tiempo; y atándole las manos con una cuerda. La Sra. Smith le dijo a la policía que "normalmente" le daba azotes a los niños en incrementos de diez golpes a cada uno y que Yosef había recibido varias de esas sesiones de azotes el día de su muerte. La policía informó que los Smith encerraron a Yosef en su habitación para orar a una imagen de Jesús en el techo y en un armario durante días e incluso semanas. Le dieron sólo un balde para un retrete. Un hijo mayor a veces sujetaba a Josef mientras los padres lo golpeaban con implementos.

Durante el día 8 de octubre de 2003, Yosef disciplinó a Yosef varias veces, golpeándolo repetidamente con una barra de pegamento. Los médicos forenses del condado concluyeron que Yosef Smith, de ocho años, murió como resultado de abuso "agudo y crónico". Los miembros de la Iglesia Remanente dirigida por Shamblin pagaron la defensa de los Smith. Fueron condenados en Georgia v. Smith. Después de ser declarados culpables, los Smith fueron sentenciados el 27 de marzo de 2007 a cadena perpetua más 30 años de prisión, la pena máxima, por el juez del Tribunal Superior del condado de Cobb, Jay Bodiford.

En 1978 se casó con Donald Shamblin, con quien tendría dos hijos. En 2018 se divorciaron y ella se casó con John Lara. Lara vivía con su esposo e hijos en Ashlawn, una mansión histórica en Brentwood, Tennessee, que se construyó en 1838.

Gwen y seis líderes de la iglesia, incluido su esposo John y su yerno Brandon Hannah, murieron cuando su avión privado Cessna Citation 501 de 1982, con destino a Palm Beach, Florida, se estrelló contra el lago Percy Priest cerca de Smyrna, Tennessee, poco después del despegue. el 29 de mayo de 2021.

El informe preliminar de la Junta Nacional de Seguridad en el Transporte indicó que el accidente ocurrió en condiciones meteorológicas instrumentales, que el clima estaba nublado con una visibilidad de 10 millas (16 km) y los techos más bajos estaban a 1300 pies (400 m) sobre el nivel del suelo. El piloto, que se cree que es John Lara, tenía un certificado de piloto comercial con habilitación de instrumentos, y su certificado médico de segunda clase más reciente de la Administración Federal de Aviación se emitió el 12 de noviembre de 2019.

Poco después, el piloto reconoció las instrucciones de mantener una altitud de 3000 pies (910 m) sobre el nivel medio del mar y hacer un viraje, el control de tráfico aéreo le indicó al piloto que ascendiera, pero el piloto dejó de responder.

Los datos del radar muestran que el avión hizo una serie de cambios de rumbo y varios ascensos y descensos antes de entrar en un giro a la izquierda pronunciado y descendente e impactar en un área poco profunda del lago Percy Priest de unos 2 a 8 pies (0,6 a 2,4 metros) de profundidad.

8

Jackson Angeli

Jackson Angeli también conocido como QAnon Shaman o Q-Shaman, es un activista de extrema derecha y teórico de la conspiración estadounidense, conocido por su participación en el asalto al Capitolio de los Estados Unidos el 6 de enero de 2021. Destacó por la vestimenta con piel de bisonte que llevaba puesta durante el asalto, captando la atención de la prensa y el público internacional.

El 8 de enero, comunicó a una estación de noticias de Arizona que "no estaba preocupado" por los posibles cargos legales. Un día después, el 9 de enero, fue arrestado por cargos federales de "entrar o permanecer a sabiendas en cualquier edificio o terreno restringido sin autoridad legal, y con entrada violenta y conducta desordenada en los terrenos del Capitolio". El 17 de noviembre de 2021 fue condenado a 41 meses de prisión por su participación en el asalto al Capitolio.

Asistió al Moon Valley High School y al Glendale Community College, dónde realizó cursos de psicología, filosofía, religión y cerámica.

Tiene varios tatuajes, incluido uno de un valknut nórdico. Antes de su actividad política, Angeli dice que trabajó como actor y locutor. Angeli se alistó en la Armada de los Estados Unidos el 26 de septiembre de 2005. Después de un campamento de entrenamiento y entrenamiento como empleado de suministros, fue asignado al portaaviones Kitty Hawk en marzo de 2006. En algún momento, se negó a vacunarse contra el ántrax y fue programado para su destitución de la Marina. El 29 de septiembre de 2007, fue enviado a una Unidad de Personal Transitorio en Puget Sound en el estado de Washington, y fue procesado fuera de la Marina el 11 de octubre. Después de dos años y 15 días en uniforme, su tarifa final fue "Storekeeper Seaman Apprentice", un escalón por encima de un recluta.

. . .

Angeli dice que antes de su actividad política trabajó como actor y locutor, y mantuvo un perfil en el sitio web Backstage. Produjo y narró 11 videos que defendían varias teorías de conspiración y los subió a una plataforma a finales de 2020.

Angeli ha manifestado su creencia de que los televisores y las radios emiten "frecuencias muy específicas que son inaudibles" y "afectan las ondas cerebrales de su cerebro".

Angeli también afirmó su creencia en la conspiración de Bilderberg y su creencia de que los masones diseñaron Washington, DC, de acuerdo con "líneas ley" que amplifican el campo magnético de la Tierra. Al reflexionar sobre el asalto al Capitolio, Angeli dijo que "Lo que hicimos el 6 de enero en muchos sentidos fue una evolución en la conciencia, porque mientras marchamos por la calle a lo largo de estas líneas ley, gritando 'USA' o gritando cosas como 'libertad' ... en realidad estábamos afectando el reino cuántico". Cuando se le preguntó sobre las opiniones de su hijo en 2021, se dijo que "se necesita mucho coraje para ser un patriota".

. . .

Angeli apoya a Donald, tiene seguidores en las redes sociales y asiste a mítines de apoyo a QAnon, principalmente en Phoenix (Arizona) y sus alrededores. En 2019 comenzó a organizar protestas de activismo climático, liderando marchas en solidaridad con el medio ambiente en Arizona.

Se informó que era un practicante chamánico.

Antes de asistir a mítines de extrema derecha, Angeli se hizo conocido en 2019 por protestar con frecuencia frente al Capitolio de Arizona, defendiendo varias teorías de conspiración.

Luego comenzó a usar su distintivo sombrero de piel y pintura facial, y asistió a mítines más poblados para llamar la atención; le dijo a un periodico a principios de 2020 que quería hacerse notar para que la gente comenzara a escucharlo y pudiera hablar sobre QAnon y "otras verdades"; en 2021 llamó a su atuendo "vestido de chamán".

. . .

Además de las apariciones en los mítines de Trump, Angeli protestó por los cierres de COVID-19 en Arizona y se centró en desafiar los resultados del recuento de votos de las elecciones presidenciales de 2020 de Arizona; acampó fuera del Palacio de Justicia del Condado de Maricopa durante el recuento de votos en noviembre de 2020, y pronunció un discurso en un mitin el día que el actual presidente de Estados Unidos anunció su victoria: "¡Esta elección no se ha convocado! ¡No creas esa mentira! Se quedaron atrapados en el tarro de galletas y ¡vamos a la Corte Suprema! Donald siempre parece que va a perder. Y luego gana".

Durante el asalto al Capitolio de los Estados Unidos en 2021, entró en el Senado de los Estados Unidos en el Capitolio, vistiendo su propio atuendo simbólico chamánico, que incluye un tocado de piel de coyote con cuernos de búfalo y pintura de guerra en rojo, blanco y azul. Angeli dijo más tarde sobre el asalto al edificio del Capitolio: "El hecho de que tuviéramos a un grupo de traidores acurrucados en la oficina, se pusieron sus máscaras de gas y se retiraron a su búnker subterráneo, lo considero una victoria".

. . .

Dijo que la policía inicialmente había bloqueado la entrada de la multitud, pero que luego les había permitido específicamente entrar, momento en el que accedió. A 8 de enero de 2021, aparece como persona de interés en la base de datos de la Policía de Washington DC. Al ser entrevistado mientras estaba en búsqueda, Angeli dijo que creía que no hacía nada malo, y dijo: "Entré por una puerta abierta, amigo".

9

Los Profetas Menos Conocidos

MARCUS WESSON

En 2004, Marcus Wesson, de 57 años, salió de su casa en Fresno, cubierto de sangre, y la policía supo que algo había salido terriblemente mal. Apilados en la parte trasera de la casa estaban los cuerpos de nueve de sus hijos, rodeados de ataúdes antiguos.

Durante décadas, Wesson había cultivado y controlado una familia de seguidores incestuosos mediante la manipulación y el abuso físico. Siguió su propia práctica espiritual que combinaba el cristianismo y el vampirismo, creyendo que Jesucristo era en realidad un vampiro, y que el Fin de los Tiempos estaría sobre ellos cuando un oficial de policía llegara a su puerta.

Wesson mantuvo a sus hijos separados de sus hijas y se negó a permitir que socializaran entre ellos, por temor a que desarrollaran sentimientos sexuales el uno por el otro. Esto se debe principalmente a que se consideraba un Mesías, y todas sus hijas eran sus futuras esposas. Wesson comenzó a casarse con sus hijas en 1974, abusando sexualmente de ellas cuando eran niñas para que pudieran tener aún más hijos para él. Se cree que tuvo unos 18 hijos a través de siete mujeres, cinco de las cuales eran niñas en ese momento.

Después de que Wesson declaró que planeaba trasladar a sus hijas y sus hijos al estado de Washington, varios miembros de su familia extendida (junto con dos sobrinas que se habían rebelado contra él) se presentaron en su complejo y exigieron que liberara a los niños. Se llamó a la policía, creyendo que era una batalla por la custodia estándar, pero pronto se volvió mortal. Wesson fue declarado culpable de nueve cargos de asesinato y varios cargos de violación y agresión sexual.

. . .

Marcus Wesson fue condenado a pena de muerte el 29 de junio del 2005.

VALENTINA DE ANDRADE

Valentina De Andrade fue la líder de un culto ovni de la década de 1980 llamado Alineamiento Universal Superior en una parte remota de Brasil. Ella afirmó recibir mensajes de extraterrestres de que Dios no existía; más bien, Jesús era un extraterrestre e iba a enviar una nave espacial para salvar a los verdaderos creyentes del Fin de los Tiempos. Sin embargo, sus creencias proféticas venían con una advertencia: todos los niños nacidos después de 1981 estaban poseídos por el mal y tuvieron que ser purgados.

Al principio, De Andrade simplemente exigió que algunas parejas entreguen a sus hijos a otras parejas, abuelos u otros tutores para que califiquen para irse en su nave espacial. Sin embargo, eso no fue suficiente y las cosas se volvieron violentas. Se cree que entre 1989 y 1993 miembros de Alineación Universal Superior agredieron, mutilaron o mataron sexualmente al menos a 19 niños de entre 8 y 13 años. Seis de ellos murieron y cinco nunca fueron encontrados, mientras que el resto escaparon, aunque algunos habían sido drogados o mutilados.

La policía brasileña tardó 11 años en reunir pruebas suficientes para llevar a juicio a De Andrade, junto con cuatro miembros masculinos de su culto, muchos de los cuales eran ciudadanos prominentes de su remota comunidad amazónica. Si bien los cuatro hombres relacionados con los asesinatos de los niños fueron condenados a décadas de prisión, De Andrade fue absuelto de todos los cargos ... porque no estaba en el área cuando se cometieron los crímenes. Y, curiosamente, el Alineamiento Universal Superior De Andrade todavía tiene una presencia activa en línea.

ROCH THÉRIAULT

Roch Thériault dirigió un pequeño culto en Ontario, Canadá, entre 1977 y 1989, ejerciendo un control absoluto sobre una docena de adultos y al menos 26 niños, la mayoría de los cuales se había engendrado con sus nueve concubinas.

. . .

Antes de ser expulsado de los Adventistas del Séptimo Día, Thériault había acumulado seguidores organizando seminarios de desintoxicación para personas que intentaban dejar de fumar o beber. Convenció a varios de ellos para que dejaran sus trabajos y dejaran a sus familias para vivir con él en el desierto, llamándolos los Niños de Ant Hill por lo mucho que les exigía que trabajaran, y cuando digo demanda, me refiero a que los obligó a romper su propias piernas con mazos si se negaban.

Aunque no pudo predecir el fin del mundo en 1979, Thériault se convirtió con éxito en un líder de culto sádico, exigiendo lealtad absoluta y castigando a los detractores y escépticos. Clavaba a los niños a los árboles, hacía que sus seguidores comieran sus propias heces, y cuando se enojaba, los desnudaba y los golpeaba, les arrancaba los pelos uno por uno y muchas otras formas de abuso. También se negó a llevar a nadie al médico, y en su lugar realizó cirugías él mismo (sin anestesia), lo que resultó en la muerte de una mujer por extraerle los intestinos.

También mató a un niño durante una circuncisión fallida, y uno más murió después de ser dejado afuera durante una tormenta de nieve como castigo.

. . .

No fue hasta 1989 que Gabrielle Lavallée, después de haber sido brutalmente mutilada por Thériault en más de una ocasión, finalmente escapó y se puso en contacto con las autoridades. Thériault fue condenado a cadena perpetua, pero su compañero de celda lo mató en 2011. Sin embargo, una buena parte de sus seguidores nunca se recuperó de su abuso y han continuado obedeciendo sus enseñanzas.

MARY BAKER EDDY

Mary Baker Eddy se consideraba a sí misma una pionera espiritual cuya obra abarcaba las disciplinas de la ciencia, la teología y la medicina.

Ella fue una estudiante de la Biblia toda su vida, y en 1866, obtuvo un poderoso discernimiento espiritual, cuando después de leer las curaciones de Jesús, experimentó una notable recuperación de un accidente que había puesto en riesgo su vida. A partir de ese momento crucial, se esforzó por comprender cómo se había sanado. Volvió a recurrir a la Biblia y a la oración para obtener respuestas.

. . .

Entendió claramente que la curación espiritual se basaba en las leyes divinas de Dios, el Espíritu, y que cualquiera podía aplicar estas leyes para sanar todo tipo de sufrimiento humano y pecado.

Desde este punto de vista, la curación espiritual no era milagrosa, sino una consecuencia de la comprensión de la omnipotencia y el amor de Dios, que son tan reales y demostrables hoy como en tiempos bíblicos. Durante las siguientes cuatro décadas, Mary Baker Eddy se dedicó a practicar, enseñar y compartir esta Ciencia del Cristianismo sanadora.

A medida que era conocida como sanadora cristiana, la llamaban con frecuencia para que sanara casos desahuciados por los médicos. Una vez le pidieron que visitara a una paciente a quien un conocido médico le había diagnosticado que se estaba muriendo de neumonía. Ella escribió: "Al ver que yo la había restablecido instantáneamente sin ayuda material, me preguntó con profundo interés si tenía alguna obra que describiera mi sistema de curación... me instó a que escribiera de inmediato un libro que explicara al mundo mi método metafísico de curación".

. . .

En esa época ella ya estaba redactando notas que más tarde se convertirían en su obra principal, Ciencia y Salud con la Llave de las Escrituras, un libro que contiene la explicación completa de la Ciencia Cristiana y su fundamento bíblico de la curación espiritual. Durante más de un siglo los lectores han relatado cómo la lectura y el estudio de este libro les han dado una percepción espiritual de la Biblia y de su relación inalterable con Dios. Este nuevo discernimiento resultó en curación física y regeneración moral que han transformado sus vidas.

Dicho esto, aquí tenemos un testimonio de una mujer llamada Pamela Hazer, era una estudiante de la Ciencia Cristiana cuando pasó por una situación terrible y decidió apoyarse de lo que estaba aprendiendo. Ella cuenta su historia así:

"Mis hijos eran pequeños cuando empecé a tener síntomas alarmantes. Aunque era estudiante de la Ciencia Cristiana, me sentía tan abrumada por el temor, que mis oraciones para sanar no eran constantes, así que decidí obtener un diagnóstico médico. Después de hacerme los exámenes, los médicos me informaron que tenía cáncer cervical. Como la primera esposa de mi marido había fallecido debido a esta misma enfermedad, sentí que mi vida se había acabado, y caí en una profunda y abrumadora depresión.

Los doctores me hicieron pasar muy rápidamente por los procedimientos médicos iniciales de cirugía, debido al temor que sentían. Después me dijeron que el cáncer se había extendido. Aunque insistieron en que la radiación y la quimioterapia eran necesarias, nunca dijeron que esperaban que esos tratamientos me sanarían.

Me hicieron radiación durante seis semanas; luego recibí una llamada telefónica instándome a que comenzara cuanto antes con la quimioterapia.

Recordé palabras que Mary Eddy había escrito y me di cuenta de que mi vida, como yo la conocía, se había acabado, y que debía embarcarme en una nueva vida, y una nueva forma de pensar. Esto quería decir eliminar los pensamientos viejos y pasados de moda basados en un sentido material de mí misma, y alinear mi pensamiento con lo que Dios sabe acerca de mí por ser su hija.

Empecé a dejar atrás todos los miedos y pensamientos que estaba teniendo y me puse a pensar en cómo estaba siendo mi vida, creía que todo en mi vida tenía que ser humanamente perfecto, de lo contrario, daría una mala impresión de mí. Me exigía demasiado a mi misma y eso era una carga terrible. Los médicos me buscaban, pero decidí terminar con el tratamiento. Sentía con todo mi corazón que Dios me amaba y quería solo lo mejor para mí, y el cáncer ciertamente no entraba en la categoría de lo "mejor". Sabía que, si tan solo lograba superar el temor a morir, sanaría.

Unos seis meses después de dejar el tratamiento médico, enfermé gravemente. Mi esposo decidió llevarme al hospital, algo a lo que yo no accedí, pero estaba casi inconsciente.

Después de unos días, decidí que era momento de regresar a casa y seguir con lo que yo creía. Para este momento ya me sentía demasiado cansada, pero empecé a dar gracias a Dios a cada momento del día y de la noche. Simplemente permití que la gratitud y las acciones de gracia permearan mis pensamientos.

Llegue a los dos años de estar con esta enfermedad, ya estaba muy cansada. Entonces decidí cerrar los ojos y simplemente entregarme a Dios. Yo sabía que la curación que necesitaba era un cambio de pensamiento, y que no necesitaba buscar ayuda afuera. Al mantener mi pensamiento centrado en el amor que Dios siente por mí, tuve la sensación de que un velo tocaba suavemente mi rostro. En ese momento comprendí que Dios es totalmente bueno y nos da paz, no sufrimiento; salud no enfermedad; abundancia, no escasez; y amor, no temor. Lágrimas de gratitud rodaron por mis mejillas. Cada parte de mi ser se sintió liberada. En dos o tres semanas, mi fuerza y apetito volvieron a la normalidad. Me sentía totalmente bien, y desde entonces no he tenido señales de la enfermedad.

Hoy, 16 años después, considero que esta curación de cáncer fue un hito en mi vida. La gratitud me dio la altura espiritual que necesitaba para superar el temor. Lo que ocurre es que no podemos concentrarnos en el temor y en la gratitud por el amor de Dios, al mismo tiempo. Dios es Amor."

AIMEE ELIZABETH

. . .

Aimee Elizabeth Kennedy nació en una granja en Ontario, Canadá, en 1890. De joven conoció a un predicador pentecostal irlandés llamado Robert Semple con quien terminó casándose. Al poco tiempo emprendieron un viaje como misioneros a Hong Kong, que culminó en desastre. Ambos contrajeron malaria y su esposo murió, dejándola embarazada. Cuando regresó a Estados Unidos Aimee era otra mujer. Sintió una necesidad de predicar y recorrer el país llevando el evangelio.

Luego contrajo matrimonio nuevamente, pero esa unión con Harold McPherson no duró mucho. La ascendente fama de Aimee fue demasiado para él. Divorciada y con un creciente grupo de seguidores, en 1923 decidió construir una sede permanente para su movimiento religioso en el vecindario Echo Park, en Los Ángeles.

La iglesia, llamada Angelus Temple, tenía un escenario en el centro. "Contrataba actores, los mejores diseñadores de la ciudad, los mejores vestuaristas, maquilladores y técnicos de iluminación para montar impactantes producciones dramáticas", relata el biógrafo. La biblia cobraba vida frente a los asistentes. Ella podía llegar un día y decirle al equipo de construcción: "quiero un caballo de Troya de seis metros de alto, que sea hueco por dentro. O quiero un barco gigante que tenga cañones y que salga humo de ellos".

Fue entonces cuando comenzó a buscar consejo de Charlie Chaplin sobre producciones artísticas. Con los años, la predicadora y la estrella de Hollywood desarrollarían una inusual amistad. Luego compró una estación de radio para llegar hasta las casas de sus oyentes. La multitud que asistía a la iglesia era tan grande que la fila para entrar daba vuelta a la cuadra.

En plena cúspide de su popularidad, sobrevino uno de los episodios más extraordinarios de la vida de Aimee. El 18 de mayo de 1926 la predicadora fue en compañía de su asistente a la playa Venice, en Los Ángeles, para nadar y escribir un sermón.

La asistente la dejó un momento para hacer una llamada telefónica en un hotel cercano. A su regreso Aimee ya no estaba. Cuando llegó la noche y no había señales de su paradero, muchos de sus seguidores se abalanzaron a la playa para unirse a los desesperados equipos de búsqueda. En el operativo se ahogó un hombre que nadó mar adentro al confundir el cuerpo de dos focas muertas con el de Aimee.

Con los días la incertidumbre generó un estado de histeria. Un periódico local incluso llegó a especular que un monstruo marino había sido visto en los alrededores de la playa.

Algunos pensaron que había sido ese monstruo el responsable de la desaparición. Durante cinco semanas los periódicos compitieron entre sí con diversas teorías para explicar la situación. La gente comenzó a resignarse, y a creer que eventualmente McPherson resucitaría milagrosamente.

Y en efecto, un día de junio Aimee apareció de la manera menos esperada. Se encontraba en un pequeño pueblo de Agua Prieta, en la frontera entre el estado de Arizona y México. La historia que contó fue justo lo que los medios hubiesen querido escuchar.

"Dijo que había estado caminando durante horas luego de escapar de un pequeño cobertizo donde tres hombres la habían mantenido cautiva", relata Kim Cooper, una seguidora de Aimee.

Aimee resaltó que estando en la playa se le acercaron tres hombres para pedirle que sanara a un niño. Ella los acompañó hasta el vehículo donde supuestamente se encontraba el pequeño. "Cuando se inclinó dentro del auto para ver al niño la empujaron y la durmieron con cloroformo", relata Cooper. Sin embargo, no todo el mundo apoyó esta versión.

Para algunos, la predicadora se escapó con su ingeniero de sonido, Kenneth Ormiston, quien estaba casado y desapareció al mismo tiempo que ella.

"Creemos que huyó con él, y luego de un mes viendo todo el revuelo que se había originado, decidió preparar una dramática reaparición. El secuestro fue la mejor idea que se le pudo ocurrir en ese momento".

Hoy en día sus seguidores dicen que esos escándalos opacan una trayectoria importante, en particular apoyando a más de 1,5 millones de personas con comida y ropa durante la Gran Depresión. Para Jane Shaw, profesora de estudios religiosos en la Universidad de Stanford, el principal legado de McPherson es "combinar una religión conservadora con un medio de comunicación moderno". Su influencia, a través de la emisora de radio, sirvió de referencia para los modernos tele evangelistas en Estados Unidos.

Aimee murió el 27 de septiembre de 1944. Su cuerpo fue encontrado en un cuarto de hotel en Oakland, California, luego de participar en un servicio religioso. Tenía 53 años y por mucho tiempo había sufrido de insomnio. En su organismo encontraron una alta dosis de sedantes. Sus seguidores, siempre han rechazado la idea del suicidio.

10

Falsos Profetas En África

DESDE LA ERA MISIONERA, el cristianismo ha tenido un impacto positivo en el ámbito sociocultural en toda África. Además de la participación en la evangelización y el discipulado, diferentes comunidades cristianas estuvieron detrás de la fundación y el crecimiento de instituciones educativas primarias, secundarias y terciarias, centros de salud, proyectos de alivio de la pobreza, hogares de niños e incluso iniciativas cívicas. Como resultado, el cristianismo no solo continúa creciendo en gran parte del continente, sino que también ha logrado una aceptación pública significativa como una fuerza de bien social.

Ahora, sin embargo, existe la preocupante sensación de que ciertas prácticas están minando su credibilidad moral histórica y su fortaleza pública. Desde una perspectiva eclesiológica y teológica, el núcleo del problema radica en el rápido aumento y la visibilidad mediática de pastores "cuestionables", que son los falsos profetas de nuestros días.

Entre los muchos autoproclamados "hombres de Dios" o "siervos de Dios", los valores que tradicionalmente han distinguido al ministerio cristiano están cada vez más ausentes.

Valores como la humildad, la compasión, el servicio desinteresado y el liderazgo de siervo son ahora reemplazados cada vez más por una preocupación por la conciencia de la imagen, la auto-exaltación y la ampliación de la influencia del ministerio personal a cualquier costo.

Anteriormente, valores como la generosidad y la caridad, acompañados de un estilo de vida frugal, eran indicadores evidentes de buenos líderes de iglesia, pastores o clérigos y de cualquier tipo de trabajadores de la iglesia, como evangelistas o catequistas. Ante una dificultad, un cristiano pobre podría esperar obtener ayuda temporal incluso de un pastor materialmente empobrecido que compartiría lo poco que poseía. Estos valores de las generaciones anteriores de trabajadores cristianos son reemplazados cada vez más por lo que parece ser un énfasis indiscriminado en la bendición material como indicador de una relación genuina con Dios.

No conozco ningún otro ministerio que haya dañado la imagen de la iglesia en el ámbito público africano hoy más que el de los profetas autoproclamados que han pervertido lo que los carismáticos creen que es un ministerio profético genuinamente bíblico.

Si bien este fenómeno no es exclusivo de África, este tipo de abuso público del ministerio pastoral y profético parece ser más obvio aquí que en otros lugares.

Para esta raza creciente de pastores codiciosos, cuanto mayores son sus pertrechos materiales más evidente es el sello de la aprobación de Dios sobre su ministerio. La Biblia advierte que en los últimos días habrá muchos falsos profetas, y los falsos profetas han aparecido y desaparecido a lo largo de la historia de la iglesia. Sin embargo, esto ahora está demasiado extendido en la iglesia en África.

. . .

Las razones detrás del fenómeno

Hay muchas razones para el gran crecimiento de los profetas autoproclamados:

En un continente donde la iglesia está creciendo exponencialmente, más rápido que en cualquier otro período de la historia, la paradoja bíblica del trigo y la cizaña que crecen juntas es real.

Muchos de estos profetas se aprovechan de los numerosos problemas de un continente que experimenta una rápida transformación social.

Los africanos son personas naturalmente religiosas. Como los estudiosos han señalado repetidamente, la cosmología africana no separa lo espiritual de lo no espiritual; por lo tanto, las esferas económica, médica y cultural de la realidad están abiertas a múltiples interpretaciones.

Muchos líderes carismáticos son reconocidos y respetados como profetas, algunos de los cuales tienen historias genuinas de haber provisto un liderazgo espiritual decisivo en momentos sociales significativos. Sin embargo, este trasfondo de buenos profetas carismáticos, que tienen un largo historial de ministerio, ha hecho que sea más difícil para la mayoría de los cristianos comunes distinguir a los falsos profetas de los genuinos.

Incluso los profetas carismáticos que han servido bien en el pasado pueden ser desviados por la fama, el éxito y el orgullo hasta el punto de convertirse en charlatanes para mantener su imagen. Como Jesús mencionó en esa parábola del trigo y la cizaña, en un campo que está realmente vivo con la lluvia del espíritu de Dios, es difícil distinguir la obra del diablo. Por lo tanto, en el ministerio cristiano y en la reflexión teológica necesitamos cada vez más plantear este problema y seguir buscando en las Escrituras, para guiar a más cristianos en la dirección correcta.

El contexto africano

Durante muchas décadas, las cosmovisiones religiosas pluralistas de la cosmología africana y la obvia religiosidad contemporánea de los africanos han sido objeto de estudio entre los principales investigadores africanos, entre los que se encuentran actualmente Nimi Wariboko, Opuku Onyina, Ogbu Kalu y Kwabena Asamoah-Gyadu. Ogbu Kalu argumenta que la cosmovisión de los africanos aborda la realidad a través de múltiples prismas culturales y religiosos. En la causalidad tradicional, la comprensión del destino, y su mejoramiento, la evitación del mal, la supervivencia y la preservación del bien suceden a través de la intervención religiosa.

En sus numerosos estudios sobre religión y la sociedad africana, Stephen Ellis y Gerrie Ter Haar demuestran la importancia de tener en cuenta la visión de la realidad y la cosmología de los africanos al examinar el papel de la religión en la esfera pública. Los africanos no tienen ninguna distinción estructural entre el mundo visible e invisible, aunque los mundos son distinguibles. La conexión entre el mundo real y el invisible está controlada por fuerzas sobrenaturales: las fuerzas del bien y del mal. La conciencia de estas fuerzas buenas y malas es una fuente importante de miedo y ansiedad.

Para estar libre de los ataques del mal, uno debe ser intencional en la búsqueda de protección de los funcionarios religiosos que tienen acceso a las fuerzas sobrenaturales del bien.

Esta creencia coloca a los funcionarios religiosos en una posición estratégica como mediadores especiales entre los reinos de lo sagrado y lo secular, así como entre los mundos del bien y del mal. Según Asamoah-Gyadu, "los funcionarios o especialistas religiosos son personas que, debido a su cercanía a las realidades sobrenaturales, la posesión de poder místico o la intuición, y el conocimiento del funcionamiento de misteriosas fórmulas y objetos religiosos, ocupan un lugar central en la religión como portavoces de seres y poderes trascendentes".

Los africanos ven a los funcionarios religiosos como personas que poseen habilidades sobrenaturales para intervenir en las incertidumbres de la vida causadas por las actividades de las fuerzas espirituales en el mundo invisible. Desde una perspectiva africana, esto es lo que explica la prevalencia del ministerio profético, tanto en su expresión carismática genuina, como ahora, en la forma pervertida que está desacreditando a toda la iglesia.

. . .

Recientemente en Sudáfrica, víctimas de presuntos abusos sexuales detallaron sus experiencias a una cadena de televisión y criticaron la invulnerabilidad de los llamados hombres de Dios que usan sus posiciones de "profeta" para encubrir los abusos. Una severa reacción contra los líderes de la iglesia llevó al presidente de Sudáfrica a instar a los sudafricanos a unirse para frenar la amenaza de los falsos pastores.

Esto fue seguido por una protesta pública de tres días, encabezada por Solomon Izang Ashoms, fundador del Movimiento contra el Abuso en las Iglesias. El hecho de que esto tuviera que ser una protesta en la que participaran políticos y activistas civiles en lugar de la iglesia sugiere que la iglesia no está desempeñando su papel como luz encendida en una colina o la sal de la tierra.

Algunas afirmaciones de poder profético rayan en lo ridículo e irracional. Sin embargo, en una era de redes sociales, sus afirmaciones los hacen aún más populares, ya que las personas pobres y desesperadas buscan ayuda dondequiera que pueden. Un famoso profeta autoproclamado de Zimbabue y otro de Malawi anunciaron que habían encontrado curas para el VIH/SIDA, impidiendo que los pacientes busquen ayuda médica. Un predicador sudafricano alienta a sus seguidores a comer pasto y a beber gasolina, mientras que otro rocía insecticida sobre los feligreses para ejercer la liberación del mal.

Hay quienes hacen afirmaciones que bordean la blasfemia. En un momento, un profeta de Kenia afirmó tener los poderes de Moisés y Elías, y haber recorrido el cielo y mantenido conversaciones con Dios. En 2017, la policía en el estado de Oyo en Nigeria exhibió a un pastor que presuntamente poseía una cabeza humana y elementos rituales. En otros lugares, las denuncias de abuso sexual y estafas a personas con dinero y propiedades a menudo se filtran a las redes sociales.

Los falsos profetas han aprendido astutamente a repetir como loros lo que los seguidores empobrecidos o perturbados están desesperados por escuchar. A pesar de la conciencia de los abusos, los profetas autoproclamados retienen a miles de seguidores que financian sus actividades.

INTERVENCIONES DEL GOBIERNO

. . .

En 2016, el fiscal general de Kenia propuso una larga lista de requisitos para las iglesias, que incluían una educación teológica mínima, umbrales anuales de membresía y la afiliación a organizaciones paraguas. Sin embargo, este protocolo fue abandonado rápidamente, ya que el gobierno y las organizaciones eclesiásticas existentes carecían de la fuerza de voluntad para aplicarlo. Uno de los esfuerzos más exitosos en la supervisión reguladora provino del gobierno de Ruanda, que ha introducido requisitos estrictos para iglesias nuevas y existentes. Estas medidas gubernamentales son vitales, pero se necesita mucho más trabajo entre las iglesias basado en una perspectiva bíblicamente sólida.

11

Falsos Mesías

El mesianismo es un fenómeno del que se han beneficiado o perjudicado todas las épocas históricas. No hay cultura o civilización que no haya tenido uno o varios mesías predicando un mundo mejor o un terrible apocalipsis para aquellos que no hicieran caso a sus consejos y enseñanzas. En épocas de crisis muchos falsos mesías o impostores de verdades divinas proliferan por doquier.

En nuestra cultura occidental ya no se les llama mesías ni místicos sino profetas, iluminados, adivinos, videntes, e incluso, magos y caraduras.

¿Quiénes son estos falsos mesías?

. . .

Según el estudioso Christophe Bourseiller, autor de una obra que habla justamente del mismo tema (1993), que llegó a contabilizar 160 entre el último siglo antes de la era cristiana y el año 1993, eran disidentes de las tres religiones principales (cristianismo, islam y judaísmo) que no tuvieron la suerte de marcar la historia fundando cultos universales.

Etimológicamente, la palabra "mesías" procede del término hebreo mashiah que significa ungir. Por lo tanto, el mesías es aquel que ha sido ungido por la divinidad. No sabemos si hubo muchos mesías en la época del Antiguo Testamento.

Seguramente cientos de ellos, siendo uno de los más destacados Zorobabel, gobernador de Judea en 520 a.C. un Ungido de Yahvé que reconstruyó el templo de Jerusalén.

Pero el primer "mesías histórico" del que tenemos constancia documental no aparece hasta la era cristiana en el siglo I. En los Hechos de los Apóstoles (5,

34-37) el fariseo Gamaliel, discípulo de Hillel y maestro de Pablo. Compara a Jesucristo con dos personajes de la misma naturaleza: Teudas ("se le adhirió un número de unos 400 hombres, cayó muerto y todos lo que le obedecían se disolvieron y acabaron en nada") y Judas el Galileo ("también él pereció y todos lo que le obedecían se dispersaron").

Según refiere Josefo, en La guerra de los judíos, Judas el Galileo era un revolucionario fundador de los zelotes (una secta judía ultranacionalista que defendía al mismo tiempo la liberación social y la sumisión plena a Dios). Judas incitó a la rebelión a los habitantes de Palestina, acusándolos de cobardía si aceptaban pagar tributos a los romanos. Por consiguiente, este judas era muchas cosas a la vez: un mesías que se creyó ungido por Dios, un revolucionario, un libertador y un bandolero.

¿Y Teudas? Poco sabemos de él, aunque el Nuevo testamento le coloca en la misma categoría que Judas el Galileo y también contemporáneo de Jesucristo. Es un agitador judío con ínfulas de mago. Teudas se cree portador de un mensaje religioso y convence a unos 400 hombres que le sigan hasta el río Jordán porque allí quiere repetir la salida de Egipto afirmando que el Jordán se abrirá ante él como el mar Rojo se abrió ante Moisés. Pero el procurador de Judea, Cuspio Fado, envía al lugar un escuadrón de caballería y hacen una escabechina mientras los seguidores de Teudas esperan infructuosamente que el río se abra a sus pies. El falso mesías muere decapitado frente a su querido río Jordán. Luego llevan su cabeza a Jerusalén donde es expuesta al público.

Aunque quizá el que más preponderancia mediática llegó a tener en esa época fue Simón el Mago, pródigo en prodigios de toda clase.

12

Charlatanes

Es normal que en periodos de crisis se depositen ilusiones en hechos, actitudes o personas que tengan la potencialidad de cambiar las cosas, aunque sea en un mínimo grado. De ahí el dicho popular, pero sabio, de que "la esperanza es lo último que se pierde". Y tiene razón, pues constituye una disposición interna de la que nadie puede ser despojado. La esperanza, por tanto, nos permite soportar ciertos suplicios y situaciones desagradables en el presente, mientras nos enfocamos en el futuro, confiando en que este traerá, al fin, tiempos mejores.

En general, la actitud descrita frente al porvenir muchas veces tiene que ver con la promesa de liberación de ciertos estados; sean fácticos, físicos, psicológicos y también religiosos.

Es por eso, de hecho, que desde la aparición de religiones de salvación con aspiraciones universales se han elaborado constantemente diferentes profecías y promesas sobre la inminente llegada de un liberador que traerá un futuro reino trascendente de abundancia y paz. "Un mesías vendrá". El término, por cierto, viene del hebreo mashiah y significa ungir. El ungido sería esa persona elegida que liberará a la comunidad del estado de cosas opresor en que se encuentra, ya sea la abolición de la esclavitud, los abusos, los tratos degradantes, la guerra, y el hambre. Todo esto tiene su pertinencia en la dimensión religiosa: estas expectativas no solo constituyen una fuente de esperanza, sino que también le quita la soberbia pretensión de carácter último a la lógica con que usualmente operamos.

La mejor muestra de lo anterior es el uso de un tipo de mesianismo político en Chile. A menudo se dice que transcurrimos por tiempos secularizados, pero tal vez sea más correcto decir que, hace ya un buen rato, estamos en tiempos de religiones políticas. Porque las expectativas y categorías descritas no han desaparecido, sino que se han instalado en el plano político, donde resultan bastante menos pertinentes. Es así como para gran parte de la izquierda (sino toda) aquellos personajes de la revuelta vinieron a "liberarnos" de un modelo abusivo y por sobre todo opresor (del "Estado opresor y violador") y deberíamos estarles agradecidos. Los escolares que se atrevieron a saltar los torniquetes fueron los primeros héroes, y merecerían reconocimiento, culto y su registro en los libros de historia.

Estas fueron sólo las campanas que supuestamente avisaron el inicio de un derrumbe advertido años atrás. La realidad así tendió a dividirse entre buenos y malos: entre los bondadosos que desean el cambio y los viles que se empeñan en mantener el statu quo. Todo visto desde la hegemonía de esa óptica opresiva. Para Carlos Ruiz, por ejemplo, todo sería tan simple "como consultar por la opinión que se tiene sobre la juventud para ver de qué lado se está del conflicto".

Y alguien tiene que perder, pues no hay salvación sin condenación. Tampoco hay elegidos sin reprobados. De tal forma, grandiosa u horrible, ya a más de dos años, este estallido social de carácter "redentor" cortó nuestra historia, levantando y oponiendo a su vez a dos

Chiles: uno que no se resigna a desaparecer y otro que no se cansa de continuar su cruzada contra el pasado.

La diputada Camila muestra lo que trato de explicar al decir de forma explícita que debería respetarse a "quienes iniciaron un proceso inédito de transformación en Chile" y que "muchos jóvenes que se atrevieron salieron sin miedo e iniciaron un proceso de revuelta popular que nos permite tener una convención constitucional inédita". Aquellas palabras ilustran cómo la izquierda, en general, ha hecho carne la épica redentora de un mesianismo (terrenal y material) en aquellos que supieron ser útiles para cumplir objetivos que deseaban, o sea en acabar con el "modelo", con el "reinado de la opresión".

Así la hostilidad y resentimiento, son ensalzados y canalizados en un sueño de liberación final, volviéndose las "formas primordiales de relación con el mundo". Nuestros ungidos vinieron a salvarnos, a redimirnos, y el uso de los medios que utilicen para tal tarea no importan, sólo lo hace el gran fin.

. . .

Es cosa de recordar el ambiente cuasi-religioso y ritualesco del homenaje a la "primera línea" en junio de 2020. La creación de nuevos símbolos y héroes. Tal acto fue un bochornoso reconocimiento del aparato legislativo, que pretende representar a todos, a los que practican la violencia sólo porque sirvió a causas políticas determinadas. Pero, ¿qué pasaba si el movimiento hubiese sido para profundizar el capitalismo? o, ¿qué sucedería si la protesta dentro de unos años gira para transformarse en una de derecha? ¿también habría homenajes? Pese a todo, este tipo de señales saben producir efectos importantes en la psiquis del violentista, ya que parecen hacerle creer que ha sido escogido de verdad para traer un futuro de prosperidad. Pues fue el mismo sistema político, quien con tales acciones, pareciera haberle encargado en su momento esa tarea. En otras palabras: "hagan lo que nosotros no pudimos".

La violencia ha sido la principal herramienta de este tipo de liberación, lo que recuerda a la profecía que advertía la venida del mesías guerrero, ya que, de cierta forma, es ejercida como una acción sacrificial para recuperar aquel sentido perdido, aunque luego termine desembocando en todo lo contrario. Pero, lo que ignora el violentista es que al momento de la destrucción, en su propio éxtasis nihilista, ignora convertirse en un medio, debido al estado de alineamiento que le otorga la multitud y los destrozos. Lo que sucede es que los "ungidos" son utilizados desde arriba, por los mismos "profetas" que los anunciaron. Suena odioso, pero así es, ya que la presión ejercida al sistema político suele ser encauzada por otra gente más poderosa, que se sirven de tales acciones abusivas para lograr sus propios fines particulares.

Es por eso que luego se protege a los "salvadores" con proyectos de indultos y amnistías, pues para cierta élite les resultan útiles. Así, mientras el violentista se juega la piel contra las fuerzas de orden, su apologista y profeta lo intenta resguardar desde arriba, desde el poder, y siempre ex post, pues todo depende de la conveniencia de un resultado conocido.

En este proceso tanto el falso "ungido" como el falso "profeta" han creído ganar: el primero creyendo haber encontrado una finalidad en su vida, pensando que con la destrucción logra algo importante, por alguna vez. El segundo, obteniendo más poder de decisión, pues se siente intérprete del pasado, presente y por sobre todo predictor del futuro. Pero, ¿Será realmente así? ¿Todo fue para mejor?

¿Cuál será el camino de una revolución en el momento en que esta se convierte en el status quo y luego de que la redención prometida se quede en eso, una mera promesa?

¿O qué pasaría si esa acción provoca una reacción y la ciudadanía decide darle la espalda a esos ungidos y profetas, como anuncian algunas encuestas de cara a este domingo?

Después de todo, profetas charlatanes y falsos ungidos ha habido siempre, pero de muy distinto signo. No tardaremos en ver llegar unos nuevos.

13

El Falso Profeta De La "Nación De Dios"

Lee Man-hee, fundador y líder de la Iglesia de Jesús Shincheonji, la secta relacionada con el 36% de los casos en el país, pedía a sus seguidores que acudiesen sin mascarilla porque era una falta de respeto con Dios.

Aquella noche del 25 de febrero, Daegu estaba bañada por un silencio sepulcral. Esta ciudad al sureste de Corea del Sur se acababa de convertir en el principal foco de coronavirus fuera de China. En los pocos hoteles que aceptaban huéspedes, había carteles en las puertas que dejaban claro que no todo el mundo era bienvenido. "Aviso importante: los miembros de la Iglesia de Jesús Shincheonji tienen prohibido entrar", rezaba uno de los letreros colgados en la cristalera de un céntrico hotel de la ciudad.

. . .

Todos los vecinos de Daegu ya sabían lo que había ocurrido: un virus se había propagado dentro de un templo cristiano en el que todos los feligreses pensaban que eran inmunes, que vivirían eternamente y que enfermarse era un pecado porque les impedía culminar la obra de Dios. Todo eso mientras el SARS-CoV-2 saltaba aprovechando los rezos a lo divino y asentándose en unas personas que decidieron ocultar la verdad terrenal. "De esa iglesia ha salido el virus y centenares de sus fieles están contagiados", explicaba la dueña del hotel.

Durante los siguientes días las autoridades surcoreanas comenzaron a rastrear a los posibles contagiados entre los más de 200.000 fieles de Shincheonji. Un grupo cristiano que para ellos su iglesia es la "nación de Dios". Aunque la gran mayoría de los surcoreanos lo ven como una oscura secta. El rastreo no fue sencillo porque entre los fieles imperó el silencio y muchos se escondieron.

Entonces todos los focos apuntaron al líder de la secta, un anciano de 89 años llamado Lee Man-hee que había descrito el nuevo coronavirus como una "acción del diablo".

Lee pidió a sus "sacerdotes" que siguieran con sus sermones, desoyendo las indicaciones de las autoridades para que suspendieran las misas. También empujaba a sus seguidores a que acudieran a los templos sin mascarilla porque eso era una "falta de respeto con Dios". Si alguno se encontraba mal o padecía los síntomas, debía acudir igualmente al oficio religioso. Lee aseguraba que todos ellos eran inmunes.

Este fin de semana, Lee ha sido arrestado por presuntamente obstruir los esfuerzos del Gobierno para contener la propagación de la pandemia. Los fiscales surcoreanos alegan que el hombre conspiró con otros líderes de la secta para retener información a las autoridades durante el pico del brote en febrero y marzo. Se sospecha que Lee presentó documentos falsos a los oficiales de Salud respecto al número de participantes en las reuniones de su secta.

También está acusado de malversación de 5,6 billones de wones (3,5 millones de euros) de fondos de la iglesia y de realizar eventos religiosos multitudinarios sin autorización durante los últimos cinco años. De Shincheonji salieron 5.200 infectados, un 36% del total de casos que se han reportado en Corea del Sur desde el comienzo de la pandemia.

El 2 de marzo todos los medios del país asiático llevaron a sus portadas la imagen de Lee Man-hee arrodillado delante de decenas de cámaras. "El líder de la secta pide perdón", se leía en los titulares. "Como representante de los seguidores de Shincheonji pido sinceras disculpas al público. No era nuestra intención y aún así mucha gente ha resultado infectada", soltó Lee a las puertas de uno de sus templos en Gapyeong, a 50 kilómetros al noreste de Seúl.

LEE MAN-HEE, ABOGADO DE DIOS

Algunos de sus seguidores lo llaman 'Presidente Lee'. Otros prefieren un término más divino: 'Abogado de Dios'. Incluso hay quienes lo consideran un mesías porque los convenció de que tenía una misión celestial: llevar a 144.000 personas al cielo cuando llegara el día del juicio final. "Sólo unos pocos se salvarán; a todos los demás se les negará el perdón y serán destruidos", anunciaba el líder en sus sermones.

• • •

Hace 36 años, Lee fundó la Iglesia de Jesús Shincheonji. Poco a poco, fue captando seguidores, vendiéndose como el profeta del Libro del Apocalipsis. Así llegó a engrosar una lista de más de 240.000 fieles. Sobre su biografía, al menos la aparentemente real, ha contado que se crió en una familia campesina y que fue soldado en primera línea durante la Guerra de Corea (1950-1953). Pero, al igual que con su discurso divino, su vida también está ficcionada: dice que es descendiente de la realeza coreana, de la dinastía Joseon, y que Jesucristo se le apareció de joven como una brillante figura celestial para encomendarle la misión de llevar al cielo a miles de creyentes.

Cuando se supo que una feligresa "supercontagiadora" de su iglesia había propagado el coronavirus después de acudir a cuatro oficios religiosos donde había más de 1.200 personas, las autoridades surcoreanas pidieron a Lee que suspendiera las misas. Él hizo caso omiso y se cree que los miembros infectados de la secta viajaron por el país sin ser detectados pudiendo propagar aún más el virus.

• • •

Hoy, Corea del Sur suma en total 14.389 contagios y 301 fallecidos según los datos de los Centros para el Control y la Prevención de Enfermedades (KCDC). El último recuento ha informado de 23 nuevos casos, la cifra diaria más baja desde el pasado 8 de mayo.

El país asiático fue la primera nación del mundo en hablar abiertamente de una "segunda ola de contagios". Eso ocurrió en Seúl, el 22 de junio. Las autoridades sanitarias explicaron que un fin de semana festivo a principios de mayo, con el foco puesto en los locales nocturnos de la capital, marcó el inicio de esta nueva ola de infecciones que parece que ya empieza a remitir.

14

Antiguos Profetas, Nuevos Cultos

La profecía, la capacidad de anticiparse al futuro, ha cautivado a los seres humanos desde tiempos antiguos, tal y como nos muestran los registros históricos. Diversas religiones y culturas, incluyendo el judaísmo, la cristiandad, el islam, la antigua Grecia, los vikingos y otros han tenido profetas. Pero, ¿todos los que pretenden ser profetas lo son realmente?

En la Biblia, la palabra profeta viene de la palabra hebrea "nabi", que significa "portavoz". Otra palabra hebrea, "ro'eh", significa literalmente "uno que ve", y podría ser traducida como "vidente". En griego, la palabra es "profetes", que significa "uno que habla por adelantado".

. . .

Desde el punto de vista de la revelación bíblica el hecho de que alguien pretenda ser un portavoz de Dios no garantiza que lo sea, porque existe el problema del engaño.

Esta falsedad de la revelación divina tiene su origen en el Edén y forma parte del conflicto cósmico entre el bien y el mal. Lo vemos claramente en los primeros capítulos del Génesis donde Dios anuncia cuál sería el resultado de no seguir sus instrucciones (Gen. 2:16, 17). Dios dijo claramente: "moriréis". Sin embargo, un poco más adelante vemos que Satanás, usando a una serpiente. da un anuncio diferente: "no moriréis" (Gen. 3:4). Nos encontramos aquí ante una revelación verdadera y una falsa, ante lo auténtico y lo falsificado. A partir de este momento, tantas veces como Dios se comunica con el hombre y revela su voluntad, el Engañador ha procurado falsificar el mensaje de Dios. De allí que a lo largo de los tiempos también el mal ha tenido sus mensajeros: los falsos profetas.

El profetismo verdadero y falso en el pueblo de Dios

En el Antiguo Testamento "ro'eh" (vidente), aparece en 1 Sam, 9:9, indicando que el profeta era una persona que tenía una relación inmediata con Dios. También se usa "nabi", palabra que designa a quien le es comunicado el mensaje de Dios para su proclamación o uno a quien se le comunique cualquier cosa secretamente. Así, por lo general, el profeta era alguien sobre quien reposaba el Espíritu de Dios (Num. 11:17-29), uno a quien y por medio de quien habla Dios (Núm. 12:2; Am 3:7, 8). En el caso de los profetas del AT sus mensajes eran mayormente la proclamación de los propósitos divinos de salvación y gloria dispuestos para el futuro.

En la Biblia se habla de profetas que reciben el mensaje de Dios (Am. 3:7). El profeta es el portavoz de Dios. El que habla en lugar de Dios a otros. Quizás esto se ilustra con la historia de Moisés y Aarón. Cuando Moisés se resiste a hablar en nombre de Dios, poniendo como excusa que él es tartamudo, Dios le dice que traiga a Aarón.

"Y tú le hablarás, y pondrás las palabras en su boca; y yo estaré con tu boca y con su boca y os enseñaré lo que habéis de hacer. Además, él hablará por ti al pueblo; y él te servirá como boca y tú serás para él como Dios... Entonces el Señor dijo a Moisés: Mira, yo te hago como Dios para Faraón, y tu hermano Aarón será tu profeta. Tú hablarás todo lo que yo te mande, y Aarón tu hermano hablará a Faraón, para que deje salir de su tierra a los hijos de Israel" (Ex. 4:1, 16; 7:1, 2).

En el Nuevo Testamento, προφήτης aparece 144 veces, principalmente en Mateo, Lucas, Hechos y Juan. Designa generalmente al que transmite un mensaje inspirado por Dios (2 Pe. 2:16) y que puede predecir el futuro (Hech. 11:28), conocer el pasado (Jn. 4:19), y puede mirar el corazón (Lc. 7:39), pero es esencialmente un proclamador de la palabra, no un mago ni un encantador.

Pero ante la verdadera actividad divina de comunicación aparece la falsa y tanto el Antiguo cómo el Nuevo Testamento hablan de los falsos portavoces de Dios.

Ya el Antiguo Testamento menciona manifestaciones proféticas que son "sheqer", falsedad. Los profetas de Ba'al son "falsos". Y como en Israel no hay más verdad que la palabra de Jehová, que Él comunica y los otros dioses son "vanos", "incapaces de salvar", son "nada". Sus profetas también son vanos, su palabra falsa y no puede tener eficacia alguna.

. . .

"Vieron vanidad y adivinación mentirosa. Dicen: Ha dicho Jehová, y Jehová no los envió; con todo, esperan que él confirme la palabra de ellos. ¿No habéis visto vana visión, y no habéis dicho adivinación mentirosa, pues que decís: ¿Dijo Jehová, no habiendo yo hablado? Por tanto, así ha dicho Jehová el Señor: Por cuanto vosotros habéis hablado vanidad, y habéis visto mentira, por tanto, he aquí yo estoy contra vosotros, dice Jehová el Señor. Estará mi mano contra los profetas que ven vanidad y adivinan mentira; no estarán en la congregación de mi pueblo, ni serán inscritos en el libro de la casa de Israel, ni a la tierra de Israel volverán; y sabréis que yo soy Jehová el Señor" (Ez. 13:6-9).

El término "falso profeta" (pseudoprofétes) aparece en los siguientes versículos del Nuevo Testamento: Mt. 7:15, 24, 11; Lc. 6:26; Hech. 13: 6; 2 Pe. 2: 1; 1 Jn. 4:1; Apc. 16: 13; 19: 20; 20: 10.

"El falso profetismo existe de alguna manera en la Iglesia.

. . .

La segunda carta de San Pedro, en particular, pone en relación a los "falsos profetas" de Israel con los "falsos maestros" cristianos: "Hubo también falsos profetas en el pueblo, como también entre vosotros habrá falsos maestros (pseudodidáskaloi')". Esta relación explícitamente establecida entre falsos profetas y falsos maestros invita a examinar otros textos donde los autores sagrados se enfrentan con el fenómeno de las falsas doctrinas, sin nombrar literalmente a los falsos profetas.

¿Por qué hay profetas falsos?

Satanás, el diablo, un ángel caído, es el padre de las mentiras y ha engañado al mundo entero (Juan 8:44; Apocalipsis 12:9). Su meta ha sido torcer y falsificar la verdad de Dios y desalentar a la humanidad de seguir el camino a la felicidad verdadera y vida eterna. Él influye en las personas para que se conviertan en profetas falsos y lo ayuden en su objetivo.

Otra razón dada en la Biblia es que algunas personas hablan de su propia imaginación. Dios dice: "¡Ay de los profetas insensatos, que andan en pos de su propio espíritu, y nada han visto!" (Ez. 13:3). A lo largo de los siglos, numerosos profetas falsos han surgido a causa de sus propios deseos y la influencia de Satanás.

Uno puede preguntarse por qué los falsos profetas y falsos maestros pueden conseguir adeptos. En primer lugar, porque el falso mensajero mezcla la verdad y la mentira, creando la peor de las mentiras, aquella que, por sus tintes de veracidad, es difícil de identificar como engaño.

Por otra parte, hay una clase de personas que habiendo hecho la profesión de cristianismo no se han entregado al Señorío de Cristo y de su Palabra. Estas personas, que suelen tener un locus de control externo, suelen seguir a cuanto mesías aparezca con un mensaje que se ajuste a sus expectativas y como suelen ser personas fácilmente sugestionables, son presa fácil de estos embusteros.

¿Cómo distinguir al verdadero del falso profeta?

. . .

Jesús y los apóstoles advirtieron muchas veces acerca de los profetas engañadores. En el Sermón del Monte, Jesús dijo: "Guardaos de los falsos profetas, que vienen a vosotros con vestidos de ovejas, pero por dentro son lobos rapaces. Por sus frutos los conoceréis" (Mat. 7:15-17). Estos profetas pueden ser identificados por sus "frutos", o sea que los verdaderos profetas vivirán de acuerdo a la ley de Dios y en sus vidas y ministerio se verán esta relación con Dios. Aquí es oportuno recordar que dentro de lo que es una evidencia de la naturaleza carnal están las "contiendas, disensiones y herejías" (Gal. 5:20).

Estos elementos suelen aparecer en la labor de estos falsos enviados de Dios que crean contiendas, divisiones y siembran herejías entre el pueblo de Dios.

Sus profecías deben cumplirse

Ya Moisés enseñó al antiguo Israel:

"Si el profeta hablare en nombre del Eterno, y no se cumpliere lo que dijo, ni aconteciere, es palabra que el

Eterno no ha hablado; con presunción la habló el tal profeta; no tengas temor de él" (Deut. 18:22). La Biblia da unas pocas excepciones. Muestra que Dios tiene la prerrogativa de cambiar su decisión, como fue el caso con las profecías de Jonás acerca de Nínive (Jon. 3:10). Esto no significa que los verdaderos siervos de Dios no puedan equivocarse acerca del tiempo, como Pablo se equivocó al asumir que él estaría con vida al regreso de Cristo (1 Tesal. 4:15). Excepto en circunstancias como estas, si las predicciones de un profeta no se cumplen, entonces él o ella no es un verdadero profeta.

Debe sujetarse a la autoridad de la revelación

Dios explicó a los que tontamente buscan conocimiento de los médiums y hechiceros:

"¡A la ley y al testimonio! Si no dijeren conforme a esto, es porque no les ha amanecido" (Is. 8:19-20).

Pedro declaró que los apóstoles podían basar la autoridad de su mensaje en su experiencia al haber visto y oído lo referente a Jesús. Pero no colocan su autoridad sobre la base de su experiencia subjetiva; pero por encima de la experiencia subjetiva estaba la autoridad objetiva de la "palabra profética más segura". Es a esa Palabra y no a la experiencia sensible de la percepción a la que hay que estar atento, porque la revelación objetiva de Dios, su Palabra revelada, está siempre por encima de la experiencia subjetiva. Y esto es así porque la palabra del verdadero profeta viene de Dios y no de su propia voluntad.

"Porque no os hemos dado a conocer el poder y la venida de nuestro Señor Jesucristo siguiendo fábulas artificiosas, sino como habiendo visto con nuestros propios ojos su majestad. Pues cuando él recibió de Dios Padre honra y gloria, le fue enviada desde la magnífica gloria una voz que decía: Este es mi Hijo amado, en el cual tengo complacencia. Y nosotros oímos esta voz enviada del cielo, cuando estábamos con él en el monte santo.

Tenemos también la palabra profética más segura, a la cual hacéis bien en estar atentos como a una antorcha que alumbra en lugar oscuro, hasta que el día esclarezca y el lucero de la mañana salga en vuestros corazones; entendiendo primero esto, que ninguna profecía de la Escritura es de interpretación privada, porque nunca la profecía fue traída por voluntad humana, sino que los santos hombres de Dios hablaron siendo inspirados por el Espíritu Santo" (2 Pe. 1:16- 21).

En realidad, el falso profeta instrumentaliza la Escritura para sus fines, y se yergue como autoridad sobre ella. Se coloca por encima de la misma y sujeta a sus seguidores a sus interpretaciones personales de la misma. No lleva a las personas a aceptar la autoridad de la Biblia, sino a aceptar su autoridad. Él se presenta como mesías, guía, profeta y autoridad final en materia de fe y práctica.

Algunos falsos profetas a la luz de la historia pasada y reciente

Sin intención de ofender a nadie, mencionaremos algunas personas que, debido a su mensaje y los resultados del mismo en contraste con la revelación bíblica, pueden ser considerados falsos profetas:

. . .

Mahoma (570-632), el fundador del islam, puede ser catalogado como un profeta falso. Si bien su monoteísmo lo asemeja a los profetas del Antiguo Testamento, su ministerio se produce durante la era cristiana y es claro su rechazo a la Trinidad, la divinidad de Cristo y el sacrificio expiatorio pleno de Jesús. Presenta a Jesús solo como un profeta, incluso inferior a él mismo, enseña un sistema de salvación por obras y tiene una negativa a subordinarse a la autoridad de Cristo y su Palabra.

Joseph Smith (1805-1844), fue el fundador de La Iglesia de Jesucristo de los Santos de los Últimos Días. Aunque aparentemente cristiano, sus enseñanzas y vida están en oposición a las verdades centrales del evangelio. Además de restaurar un sacerdocio que según la Biblia solo ostenta Cristo desde su muerte, resurrección y ascensión, sus escritos han promovido una denominación cuyos miembros no basan su fe en la Biblia como única regla de fe y práctica, no creen en que hay un solo Dios, niegan la deidad de Cristo, no creen en la relación directa de Dios con los hombres, no creen en la obra perfecta de Cristo por la humanidad, niegan la salvación solo por gracia y han favorecido la poligamia.

. . .

Podríamos hablar de otros cómo John Jones (1931-1978), fundador del Templo del Pueblo, y Mar Applewhite (1931-1997), fundador de la secta Puerta del Cielo. Ambos tienen algunas similitudes. Fueron líderes de gran carisma, con una oratoria apasionada. Pudieron crear grupos de seguidores que hicieron de ellos sus guía y autoridad final. Ambos se colocaron como intérpretes de la revelación y mensajeros de Dios. Fomentaron el subjetivismo religioso y llegado el momento guiaron a sus seguidores a un suicidio colectivo.

Al igual que otros, no hicieron de la Biblia la autoridad final y piedra de toque de doctrinas y experiencia religiosa, sino que ellos fueron la norma de la fe y práctica de sus seguidores, llevando a estos a anular su libre albedrío, bajo el control de su autoridad.

Otro caso muy interesante es el de David Koresh (1959-1993). Nacido Vernon Wayne Howell, fue el líder de la secta "Davidiana", una escisión del movimiento religioso 'La Vara del pastor', con sede en Waco, Texas. En 1983 comenzó a decir que era el último profeta y "el Hijo de Dios el Cordero". Se colocó cómo Mesías y portavoz de Dios. Llegando a controlar de tal manera a sus seguidores que impuso un celibato estricto para todos, menos para él mismo (una "revelación divina" le dijo que él y solo él podía tener relaciones sexuales con todas las mujeres de la comunidad, soleteras o casadas). Finalmente reunió a sus seguidores y un gran arsenal en una granja en 1993. Tras un fuego cruzado con agentes del FBI, estos irrumpieron en el sitio en una operación que terminó con un incendio en la sede del grupo. Además de Koresh, murieron 54 adultos y 21 niños.

José Luis de Jesús Miranda (1946-2013), fundador puertorriqueño y líder de la Iglesia Creciendo en Gracia es otro exponente del falso profetismo mesiánico. Además de sostener que era una reencarnación de Cristo, sostuvo su inmortalidad y una autoridad férrea sobre sus seguidores, especialmente de sus finanzas, lo cual lo hizo millonario. Finalmente enfermó de cáncer y murió, tras lo cual su esposa se hizo cargo de la secta y asumió el rol profético.

El Problema Adventista

Desde sus orígenes el adventismo enfrentó la disidencia y la aparición de falsos maestros, que a semejanza de los falsos profetas generaron división en las filas del remanente. Tras el Gran Chasco de 1844, y aun antes de que el pequeño grupo de adventistas del séptimo día se denominará así y se organizarán como iglesia, se vio atacado por disidentes y sus seguidores. Varias cosas parecían fomentar la división: la insatisfacción con el liderazgo; supuesto descubrimiento de "nueva luz"; y problemas personales de egocentrismo y búsqueda de cargos, a veces despertando dudas en cuanto al equilibrio mental de quienes incurrían en esa conducta.

Esta triste realidad está en concordancia con lo que la Escritura dice para los últimos días sobre los falsos profetas que según Pedro aparecen como falsos maestros: "Pero se levantaron falsos profetas entre el pueblo, así como habrá también falsos maestros entre vosotros, los cuales encubiertamente introducirán herejías destructoras, negando incluso al Señor que los compró, trayendo sobre sí una destrucción repentina" (2 Ped. 2:1).

Algunos grupos disidentes y sus enseñanzas
Los adventistas de la reforma

. . .

Surgidos durante la primera guerra mundial en Alemania, debido a la posición de la iglesia en ese país sobre la guerra y el portar armas, han sido y son uno de los principales discrepantes de la Iglesia Adventista.

La acusan de ser Babilonia, y se hacen pasar como celosos defensores de la ortodoxia del mensaje; enseñan que el adventismo apostató también al no hacer una prueba de discipulado la práctica de la reforma pro-salud. Insisten que para predicar la verdad presente es necesario abandonar la Iglesia Adventista, aunque aparentemente las doctrinas son las mismas, ellos sostienen que hace mucho Dios abandonó a la iglesia, y por lo tanto se ha convertido en Babilonia.

El problema de este grupo disidente es que desconoce tanto la Biblia como los Escritos de Elena White, ya que la Biblia claramente presenta quién es Babilonia (Apocalipsis 14:8; 17:1-3; 18:1-4): Roma y sus hijas con sus falsas doctrinas.

Por otro lado, estos individuos desconocen lo que dice Elena White con los que aseveran tal cosa, porque ella misma expresó el peligro de decir que la iglesia es Babilonia.

"El pretender que la Iglesia Adventista del Séptimo Día es Babilonia es tener la misma pretensión que Satanás, que es un acusador de los hermanos, que los acusa delante de Dios día y noche".

"En el mundo existe solamente una iglesia que esté actualmente en la brecha, reparando el muro, reedificando las ruinas; y cualquier hombre que llame la atención del mundo y de otras iglesias a esta iglesia, denunciándola como Babilonia, hace una obra que concuerda con la del acusador de los hermanos".

La Vara del Pastor

El fundador de este movimiento es Víctor Tasho Houteff nació en Raikovo, Bulgaria, el 2 de marzo de 1885, y murió en Waco, Texas el 5 de febrero de 1955.

. . .

Entre las creencias erróneas de este movimiento están: creer que el tercer Elías que menciona (Mal. 4:5) es Víctor Tasho Houteff, quien "relevó" a Elena White en la función profética. Sostienen que la matanza que menciona Ezequiel 9 es literal y se llevará a cabo dentro de la Iglesia Adventista, comenzando por los pastores, siendo los miembros de la Vara del Pastor el brazo ejecutor de los juicios de Dios.

Creen que ellos tienen el aceite de extra que les falta a las vírgenes fatuas, según ellos éstas son la iglesia adventista por no aceptar el mensaje de la vara, y se basan en (Mateo 25:6-12). Opinan también que ellos fueron levantados para despertar a la iglesia del sueño laodicense, su cita preferida es (Apocalipsis 3:14-22). Piensan que las oraciones deben hacerse solo de rodillas, así que ellos se arrodillan donde quiera que estén, ya sea en polvo, tierra, piedras, debajo del sol o la lluvia; creen también, que la mujer debe usar un velo en la cabeza; también creen igual que los Testigos de Jehová que los 144,000 son literales, ni una más, ni uno menos.

La táctica de operar de este grupo es llegar a los templos adventistas donde se infiltran cómo si fueran verdaderos adventistas y se dedican a adoctrinar a los mismos hermanos para que acepten este mensaje de la Vara.

El movimiento de los 2520

Su mayor promotor actualmente es Jeff Pipenger que basa sus creencias en lo que creía Miller en cuanto a la profecía de los 2520. Miller sostenía de acuerdo a sus estudios y cálculos que en Levítico 26 había una profecía de tiempo que equivalía a 2520 años. Según Miller, este periodo al aplicar el principio día por año empezaban en el año 677 a.C., cuando Babilonia llevó prisionero al rey Manasés y terminaban justamente en 1844, lo que se le conoce como la profecía de los 2520.

La base de Miller está en la expresión "siete veces" como aparece en español; él creía que eran siete tiempos por la versión KJV en inglés, está versión traduce estos versos como "siete tiempos" mencionados en Levíticos 26:18,21,23,24,28 equivalían a 2520 años.

El problema de la interpretación de Miller es que se basó en una lectura literal de la versión de la Biblia en inglés que él usaba. Pero al analizar el capítulo siguiendo el método histórico-gramatical se ve claramente que en ese capítulo no existe ninguna profecía de tiempo. Ni en el hebreo ni usando el contexto se pudo encontrar. Lo que los textos en su contexto determinan es que el siete que se usa en los versos 18,21,23,24,28 se deben entender como dureza e intensidad, y no como una profecía de tiempo. Levítico 26 no es una profecía apocalíptica. Levítico 26 no es una profecía de tiempo. La palabra "siete" indica una séptupla intensidad, no un periodo de tiempo. No existe una profecía de tiempo en Levítico 26.

En 1863, el año en que fue organizada oficialmente la IASD, fue elaborado un nuevo diagrama, el cual no incluyó la profecía de los 2520 años.

La nueva iglesia organizada con su primera Conferencia General, comisionó a James White para que hiciera el nuevo diagrama, lo cual él comenzó a hacer en aquel otoño de 1863. James White consideró que el nuevo diagrama estaba "mucho mejor", y "aquellos que enseñan la verdad presente se verán grandemente ayudados con él".

. . .

"El diagrama profético va a ser mucho mejor que el que está actualmente en uso. El santuario y los ángeles serán mayores y más audaces, de tal manera que todas las cifras del diagrama puedan ser vistas igualmente claras. De lo que ya hemos visto de la obra, juzgamos que va a ser algo bello".

La declaración de James White que el nuevo diagrama profético sería mucho mejor que el que estaba siendo usado, es especialmente significativa.

Este movimiento cree que la iglesia está en apostasía por no aceptar los diagramas de Miller y el 2520; aseguran que la profecía más larga de la Biblia son los 2520, y no los 2300 días como lo enseña Daniel 8:14.

Otra de las creencias de este movimiento es que creen que la lluvia tardía cayó cuando las Torres gemelas fueron destruidas en el atentado del 11 de septiembre de 2001; su base son algunas citas de Elena White en su libro Notas Biográficas de Elena White p. 451.

Tampoco creen en la organización de la iglesia, está en contra de los diezmos, o sea no hay que darlos a la organización, si no a su movimiento independiente.

. . .

Este grupo, igual que la Vara del Pastor, es experto en torcer la Biblia y sacar citas de Elena White fuera de contexto, añadiendo palabras y significado preconcebidos a las citas. Esta estrategia los ha llevado a condenar la teología, la hermenéutica y todo lo que la iglesia usa para profundizar en la Biblia, ellos aseguran que la teología y la hermenéutica son paganas.

Los promotores de la teoría del 2031

Este grupo enseña que Cristo vendrá en el 2031. Su base para sostener esta teoría son los 6000 años que menciona Elena White. Según sus cálculos matemáticos, Cristo vendrá en ese año porque, según ellos, allí se terminan los 6000 años de pecado.

El problema con esta teoría es que Elena White nunca escribió sobre los 6000 años con la intención de usarlos para poner fechas para el retorno de Cristo; ella usó la expresión para recalcar una verdad y un evento que gira alrededor de la cita, y no para pronosticar fechas.

. . .

Hay varias declaraciones donde Elena White usa el término 6000 años, pero eso varía en cómo ella se refiere a este tiempo: algunas hablan de "6000 años", otras dicen "como 6000 años," o "cerca de 6000 años," y "casi 6000 años"; al menos una incluso dice que "más que 6000 años."

En 1872, ella escribió: "Dios dotó al hombre con gran fuerza vital que él ha resistido la acumulación de enfermedad traída sobre la raza en consecuencia de los hábitos pervertidos, y ha continuado por seis mil años."

Si tomamos al pie de la letra esta declaración significaría que los 6000 años ya estaban cumplidos en 1872. Pero ella jamás pretendió usar esta expresión cómo algo cerrado. Más bien para referirse a un periodo indefinido asociado al reinado del mal entre los seres humanos.

De lo contrario eso contradice otras citas de la misma autora, donde ella misma condena el peligro de poner fechas, ya sea horas, días o años para el retorno de Cristo. El deber de la iglesia es predicar un mensaje

(Apocalipsis 14:6-12), y no fechas (Mateo 24-25; Marcos 13:32; Hechos 1:7).

Este grupo, igual que el del 2520, tampoco cree en la organización de la iglesia, está en contra de los diezmos, o sea no hay que darlos a la organización, pero sí a su movimiento.

Antitrinitarios

Este grupo sostiene que los pioneros no creían en la Trinidad. Tampoco creen en el Espíritu Santo como tercera persona.

Usan escritos de Elena White fuera de contexto o citas ambiguas donde ella solo habla del Padre y el Hijo, haciendo creer que no existe una tercera persona.

El problema de este grupo es que desconocen el desarrollo de la comprensión progresiva de la verdad dentro del adventismo, no mencionan que muchos de los pioneros eran trinitarios, incluso Elena White que siempre fue trinitaria y en numerosas declaraciones habla de la Deidad en términos de Trinidad.

. . .

"Hay tres personas vivientes en el trío celestial; en el nombre de estos tres grandes poderes, el Padre, el Hijo y el Espíritu Santo, son bautizados los que reciben a Cristo mediante la fe."

Por otro lado, la Trinidad que los pioneros condenaban era la Trinidad católica que minimizaba al Hijo del Padre, y al Espíritu Santo del Hijo; mientras que la Biblia los presenta como iguales y con los mismos atributos divinos.

Muchos de nuestros pioneros provenían de comunidades religiosas semi-arrianas, donde no creían en la divinidad de Cristo como Dios eterno.

Los Judaizantes

Estos grupos sostienen que debemos guardar las fiestas santas que celebraba el pueblo de Israel y que estas fiestas constituyen la verdad presente para este tiempo.

. . .

La Biblia deja muy en claro que estas fiestas dadas a Israel; eran solo para señalar el sacrificio y la obra redentora del Mesías. Con la muerte de Cristo estos ritos y ceremonias perdieron su significado. Todo el asunto fue decidido en el Concilio de Jerusalén. La materia en cuestión fue colocada claramente: Pero algunos de la secta de los fariseos, que habían creído, se levantaron diciendo: Es necesario circuncidarlos, y mandarles que guarden la ley de Moisés.

Podríamos mencionar también otros grupos que por supuesto tienen líderes carismáticos que aseveran haber sido llamados y comisionados por Dios para sacar al remanente de la apostasía, tales como los adventistas históricos, los perfeccionistas que sostienen que habrá una última generación impecable, gambetistas, etcétera.

Todos estos grupos existen y sobreviven gracias al adventismo, ya que entienden la misión, no en términos de ir por el mundo y predicar el evangelio, sino más bien como denunciar la apostasía adventista e invitar a salir a los miembros de la misma para formar parte de su movimiento, que ellos presentan como el verdadero remanente. Éstos se nutren de la vida del adventismo, de sus miembros y los recursos de los mismos. No tienen vida original ni propia y no podrían existir si no fuera porque hay adventistas dispuestos a engrosar sus filas.

No obstante, no debiéramos olvidar que se nos ha advertido sobre el riego que implica seguir a estos falsos profetas, creadores de falsos movimientos que engañan a los escogidos de Dios.

Conclusión

En conclusión, el análisis detallado de los falsos profetas revela una preocupante realidad en nuestras sociedades contemporáneas. Estos individuos, disfrazados de líderes espirituales y mensajeros divinos, explotan la fe y la vulnerabilidad de aquellos que buscan guía y consuelo en tiempos difíciles. A través de sus tácticas manipuladoras y mensajes engañosos, los falsos profetas son capaces de ganarse la confianza de las personas y, en última instancia, aprovecharse de ellas para satisfacer sus propios intereses egoístas.

Es esencial comprender que el fenómeno de los falsos profetas no es exclusivo de una religión o creencia en particular, sino que se presenta en diferentes contextos y entornos espirituales. Sus métodos sofisticados y la habilidad para manipular emocionalmente a los demás les permiten crear una imagen de autoridad y sabiduría, generando así seguidores y adeptos dispuestos a seguir ciegamente sus enseñanzas.

Sin embargo, debemos ser cautelosos y críticos en nuestra búsqueda de la verdad espiritual. La clave para protegernos de los falsos profetas radica en la educación, el discernimiento y la confianza en nuestra propia intuición. Al desarrollar un pensamiento crítico y cuestionar las afirmaciones que se nos presentan, podemos separar la verdad de la manipulación y salvaguardar nuestra integridad espiritual.

Además, las comunidades religiosas y espirituales desempeñan un papel crucial en la prevención de la propagación de los falsos profetas. Promover la transparencia, la enseñanza basada en principios sólidos y la rendición de cuentas dentro de estas comunidades es fundamental para proteger a los fieles y preservar la autenticidad de las enseñanzas espirituales.

En última instancia, el estudio de los falsos profetas nos recuerda la importancia de la autenticidad y la honestidad en nuestra búsqueda de la verdad espiritual. Debemos estar atentos a las señales de alarma, como

Conclusión

promesas exageradas, explotación emocional y falta de coherencia entre las palabras y las acciones. Al hacerlo, podemos evitar caer en las trampas de los falsos profetas y avanzar hacia un camino de autenticidad y crecimiento espiritual genuino.